3つの結び方で写真を見ながら作る

½ DAY 簡単マクラメ

ハーフデイ

主婦の友社

◆ CONTENTS ◆

PART. 1 ｜⦊ コードに結ぶ ⦉｜

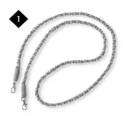

3つの結び方で写真を見ながら作る　½ DAY 簡単マクラメ

PART. 2 〉〉〉 平面に結ぶ 〈〈〈

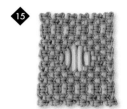

15

七宝結びの **コースター**
Photo ▶ p.**14**
How to make ▶ p.**33**

16

巻結びの **コースター**
Photo ▶ p.**14**
How to make ▶ p.**35**

17

タペストリー
Photo ▶ p.**15**
How to make ▶ p.**48**

PART. 3 〉〉〉 立体に結ぶ 〈〈〈

18

ボトルホルダー
Photo ▶ p.**16**
How to make ▶ p.**50**

19

フードストッカー
Photo ▶ p.**17**
How to make ▶ p.**52**

20

ツートーンの **プラントハンガー**
Photo ▶ p.**18**
How to make ▶ p.**54**

21

ダイヤ柄の **プラントハンガー**
Photo ▶ p.**19**
How to make ▶ p.**56**

22

七宝結びの巾着 **バッグ**
Photo ▶ p.**20**
How to make ▶ p.**58**

23

マクラメ **バッグ**
Photo ▶ p.**21**
How to make ▶ p.**60**

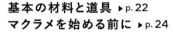

※ 本書の作品は一部を除き、すべてメルヘンアート株式会社の製品を使用しています。同じ太さのひもでも異なる製品を使用する場合は、仕上がりのサイズが変わることがあります。

PART. 1 コードに結ぶ

ひもをコード状に結ぶだけで、スマホショルダーが作れます。同じテクニックで、
グラスコードや愛犬の首輪なども作れます。

❶ **四つ組みの
スマホショルダー**

4本のひもを交互に組むと、丸みのあ
るロープに仕上がります。これが「四つ
組み」。はじめて作るなら、組む順
番がわかりやすい2色のデザインがお
すすめです。

Design／メルヘンアートスタジオ
How to make ▶ p.26

❷ **矢羽根模様の
スマホショルダー**

同じ「四つ組み」でも2本どりの2色
で作ると、矢羽根模様が楽しめます。
存在感のある太めのショルダースト
ラップになります。

Design／メルヘンアートスタジオ
How to make ▶ p.38

3つの結び方で写真を見ながら作る

½DAY 簡単マクラメ

◆ 四つ組みのスマホショ
ルダーを単色で。ビビッド
な色を選ぶと、つけるだけ
で気持ちが明るくなりそう。

**❸ 平結びの
スマホショルダー**

平らなベルト状に仕上がるのが「平結
び」。マクラメではポピュラーな結び
方なので、本書ではもっとも多く登
場します。p.7の単色では表と裏は変
わりませんが、この写真のように2色
で作ると表と裏で見え方が変わります。

Design／メルヘンアートスタジオ
How to make ▶ p.28

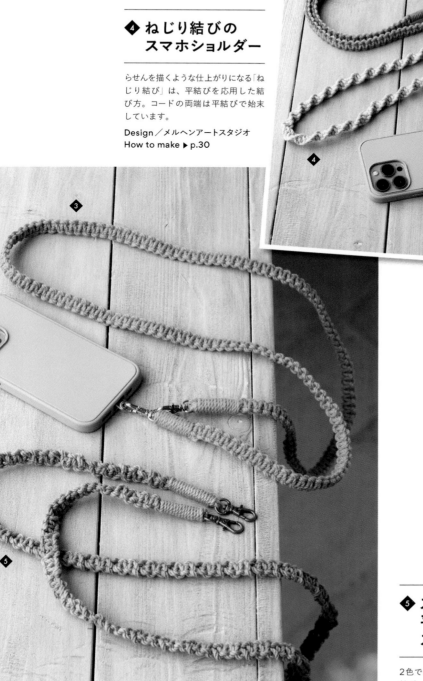

❹ ねじり結びの
スマホショルダー

らせんを描くような仕上がりになる「ねじり結び」は、平結びを応用した結び方。コードの両端は平結びで始末しています。

Design／メルヘンアートスタジオ
How to make ▶ p.30

❺ スイッチング
平結びの
スマホショルダー

2色でしま模様を作るスイッチング平結び。結び方は平結びと同じです。
Design／メルヘンアートスタジオ
How to make ▶ p.32

◈ 平結びと四つ組みの
　スマホショルダー

肩にかかる部分を体なじみのよい平結びにし、
両サイドの四つ組みと組み合わせてスッキリ
としたデザインに。横しま、縦ストライプと
2種類のしまで変化をつけて。

Design／メルヘンアートスタジオ
How to make ▶ p.39

◈ 平結びとねじり結びの
　スマホショルダー

ねじり結びと平結びを繰り返して作る単色
でも存在感のあるデザインです。p.9では2
色にし、紺とイエローのコントラストを効か
せて。

Design／メルヘンアートスタジオ
How to make ▶ p.40

3つの結び方で写真を見ながら作る　½ DAY 簡単 マクラメ

❖ 平結びに挟まれたねじ
り結びを半分ずつツートー
ンカラーに。

⑧ さざれ石とパールの アイグラスコード

顔回りにクリスタルのさざれ石とパールをあしらった眼鏡用のコード。ところどころにゴールドのビーズを通して四つ組みをしているのもポイントです。

Design／aya kurata（マクラメのアヤ）
How to make ▶ p.41

⑨ ネオンカラーの アイグラスコード

ネオンカラーのひもが顔回りを明るく輝かせます。60分もあればできるので、カラーバリエーションを用意してファッションに合わせてつけ替えても。

Design／aya kurata（マクラメのアヤ）
How to make ▶ p.42

平結びに慣れたら、どちらも簡単。いくつか作って重ねづけも楽しめます。

⑩ 平結びの
ブレスレット

スイッチング平結びがベースですが、隙間をあけることで軽やかに仕上げました。芯の色がちらりと見えるのもポイントです。

Design／maikel
How to make ▶ p.42

⑪ ウェーブ模様の
ブレスレット

平結びの回数を増減しながらジグザグと波模様を作ります。革のような質感のひもを選んで、高級感のある雰囲気に。

Design／maikel
How to make ▶ p.43

（縦書き・左端）
3つの結び方で写真を見ながら作る　1／2DAY 簡単マクラメ

⑫ **ストラップつきの
　　リード**

丈夫なアウトドアコードは、愛犬の散
歩用のリードに最適。ストラップ部分
は「鉄砲カン」で開閉するので、散歩
の途中で、手すりや椅子などに簡単に
つなげられるのがポイント。市販の首
輪にもつなげて使えます。

Design／Uri
How to make ▶ p.45

⑬ ショルダーリード

体に斜めがけできるリードは、持つ手
が離れても安心です。ウエストに巻け
ば、リード部分が長く使えます。

Design／Uri
How to make ▶ p.46

⑭ 平結びの首輪

ベルト状に仕上がる平結びは、首輪にぴったり。
太陽光を蓄光して暗い場所で光るタイプのひもを
使っているので、夜のお散歩も安心。首輪の幅が
細いタイプ（幅15mm・写真左）と太いタイプ（幅
23mm・写真右）の作り方を紹介しています。

Design／Uri
How to make ▶ p.47

愛犬に合わせてサイズや
色を自由にできるのが
手作りの魅力。リード部
分も使う人に合った長さ
に調整できます。

PART. 2 平面に結ぶ

平面にすることで、3つの結び方を組み合わせて多彩な模様が作れます。
ここでは七宝結びと巻結びを使ったコースターとタペストリーを紹介します。

⑮ 七宝結びの　コースター

七宝結びは平結びの応用なので簡単。
結び残しのひもでセンターにダイヤ柄
をあしらいました。

Design／メルヘンアートスタジオ
How to make ▶ p.33

⑯ 巻結びの　コースター

結び方テクニック3つめの「巻結び」。
立体的な模様を作れるので、ダイナミッ
クな表現が楽しめます。

Design／メルヘンアートスタジオ
How to make ▶ p.35

⑰ タペストリー

本格的なようで初心者でも短時間でできるよう工夫しました。壁にかけるだけで、インテリアに温かみが生まれます。カラフルなひもを選べば存在感アップ。

Design ／ Macrame Ciconia
How to make ▶ p.48

ボトルホルダーやプラントハンガー、バッグなど手順通りに結ぶと立体になります。
結ぶ回数が少ないものが多いので、比較的短時間でできるのもメリット。

⓲ ボトルホルダー

500mlのペットボトルが入るサイズ
で、ウッドビーズのあしらいがポイン
ト。短時間で作れるのも魅力です。ショ
ルダータイプにしていますが、ひもの
長さは調整しやすいのでお好みで。

Design／ayumin/FiberArt
How to make ▶ p.50

3つの結び方で写真を見ながら作る **1/2 DAY 簡単マクラメ**

⓲ のひもとビーズの色違い。
肩にかかる部分を平結びで
まとめますが、ビーズと同系
色のひもを選ぶと◎。

⑲ フードストッカー

野菜やフルーツを見せる収納で保存し
ましょう。メタルリングを使って口広
のデザインにし、出し入れをしやすく
しています。

Design ／aya kurata（マクラメのアヤ）
How to make ▶ p.52

**㉒ ツートーンの
プラントハンガー**

コード飾りがポイントのハンギング。
モノトーン2色を使い、クールでスタ
イリッシュなデザインに。平結びで作
るので見た目より簡単です。

Design／aya kurata（マクラメのアヤ）
How to make ▶ p.54

㉑ ダイヤ柄の プラントハンガー

どんなインテリアにもなじみやすい白木のリングとビーズを使ったナチュラルなハンギング。タペストリーのようにダイヤ柄を楽しめるデザインに。結ぶ回数が少ないので、比較的短時間でできるのもうれしい。

Design／Kazumin Fiber Art
How to make ▶ p.56

〈〉〈〉3つの結び方で写真を見ながら作る ½DAY 簡単マクラメ 〈〉〈〉

22 七宝結びの 巾着バッグ

スマホとキーケースを入れるのにちょうどいいサイズ。入れ口にDカンをつけたので、写真のようにストラップをつけてショルダータイプにもできます。

Design／Uri
How to make ▶ p.58

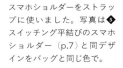

スマホショルダーをストラップに使いました。写真は ❺ スイッチング平結びのスマホショルダー（p.7）と同じデザインをバッグと同じ色で。

㉓ マクラメバッグ

七宝結びと巻結びで作るミニバッグは
マクラメに慣れてからトライするのがお
すすめ。本書では難度が高めですが、
コーディネートの要になる存在感です。

Design／Macrame Ciconia
How to make ▶ p.60

MATERIAL & TOOL （ 基本の材料と道具 ）

ひもと身近な道具だけで楽しめるマクラメ。
本書で使用したものをここで紹介します。

◆ 基本の材料 BASIC MATERIAL ◆

マクラメ専用のひも（左写真）は初心者でも結びやすいのが特徴です。
用途に合わせ、アウトドアコードやアクセサリー用のひも（右写真）と使い分けましょう。

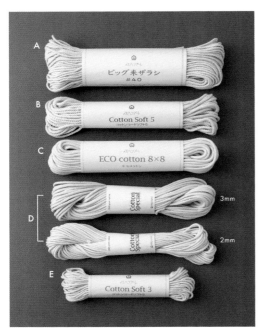

A.ビッグ未ザラシ

3本をよったロープ状のひも。本書では#40（3mm）を使用。綿100%。1かせ約78m。

B.コットンコード・ソフト5

太さ約4mmのよりひも。色は3色。綿100%。1かせ約27m。

C.エココットン8×8

環境にやさしい綿糸を使用した太さ約4mmの組みひも。綿100%。1かせ約35m。

D.コットンスペシャル

よりのないピュアコットン100%の組みひも。太さは2mmと3mm（いずれも12色）、4mm、10mmの4種類。1かせ約30m。

E.コットンコード・ソフト3

太さ約3mmのよりひも。色数が20色と豊富。本書では主にスマホショルダーで使用。綿100%。1かせ約28m。

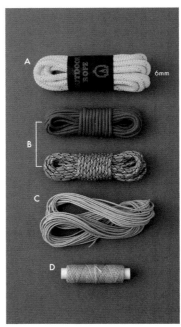

A.アウトドアロープ

耐久性のあるロープ。太さ6mmで引っぱり強度800kg。太さは6mmと8mmの2種類（いずれも8色）。ポリエステル100%。6mm/1巻3m。8mm/1巻2m。

B.メルヘン アウトドアコード

引っぱり強度が180kgある丈夫なコード。単色（17色）のほか、模様入り（15色）、ライトに反射するテープ入りのコード（3色）、暗闇で発光するコード（3色）がある。ポリエステル100%。1巻5m。

C.ロマンスコード 1.5mmタイプ

綿のひもを樹脂加工し、革のような光沢を出したひも（18色）。1かせ10m。

D.マイクロ マクラメコード

ポリエステルのひもに樹脂加工をしたマクラメ用のコード。太さは約0.7mm（29色＋シャイニー5色）。1巻約20m。

◆ 基本の道具 BASIC TOOL ◆

ひもを結ぶときは引っぱりながら作業するので、ひもを固定するための道具を用意しましょう。

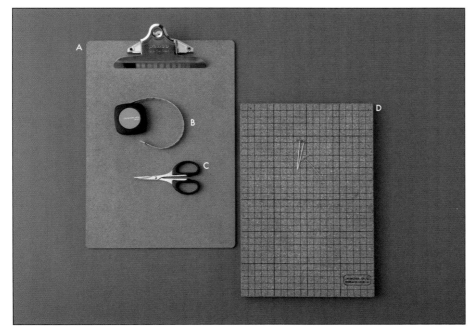

A.クリップボード

ひもを固定するのに使う。なければ下記（写真）で代用可能。

B.メジャー

ひもの長さをはかるために使う。

C.はさみ

ひもを切るときに使う。結び目のキワで切ることも多いので、刃先が細い手芸用が使いやすい。

D.マクラメボードとピン

1cmの方眼つきのコルクボードと、ひもを固定するためのマクラメピン。巻結び（p.35）をするときは必須。
コルクボードミニ（MA2004）／メルヘンアート

クリップボードの代用になる道具。クリップやS字フック、マグネット付きフックなど。ひも端を作業台にテープで固定するのでもOK。

◆ 作品によってそろえる材料 ◆

作るアイテムによって必要なパーツや金具類があります。
金具を使うときは必要に応じてペンチやドライバーを用意しましょう。

スマホショルダー

左からミニレバーカン、スマホタグパッチ。スマホタグパッチのつけ方はp.25参照。

グラスコード

左から時計回りにストラップ金具（カシメ付きカニカン）、グラスコード用コネクタパーツ、ビーズ類。

首輪

首輪のつけ外しをするバックルとリードを取りつけるDカン。首輪の太さに合わせてサイズを選ぶ。

リード

左から首輪の金具に取りつける鉄砲カン、リードのよじれを防止する回転カン、ひもの結び始めに使用するリング類。

ハンギング

吊るすタイプの作品で使用するリング。フリンジにあしらうビーズなど。

タペストリー

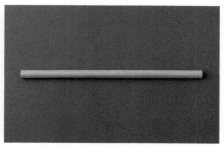

木製バー。作品のサイズに合わせてバーの長さを選ぶ。

※ 首輪とリードの材料について…強度（耐荷重）は接続部分に用いるパーツや金具によって変わります。ペットの体重を確認したうえで適した専用のものを選んでください。

◆ あると便利な道具 ◆

きれいに仕上げるための道具を紹介します。

◆ ひもやテクニックによって用意する道具 ◆

ひもの始末や、七宝結びに使う道具を紹介します。

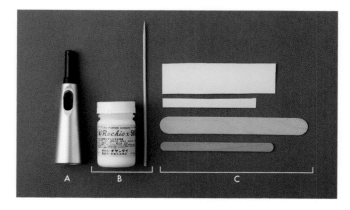

A.鉗子（かんし）
ひも始末専用の道具。狭い隙間からひもを通したり、引き出したりするのに使う。

B.セロハンテープとマスキングテープ
ひもの仮どめや、ひも端のほつれ防止に使う。

A.ライター
焼きどめ（p.24）をするときに使う。焼きどめに使えるひもはポリエステルやナイロンなど。

B.接着剤と竹串
ひも端や結び目の始末で使う。高粘着タイプがおすすめ。竹串でつけるとよい。

C.厚紙、木製バー
間隔をあけた七宝結び（p.33）をするときに使う。アイスバーの平らな棒は作業しやすくおすすめ。ちょうどよい幅のものを用意する。

◆ ひもの用意と始末 ◆

ひもは「巻き」か「かせ」の形で販売されています。かせになっているひもは作業しやすいように巻き直しましょう。
ひも端の始末の方法も素材によって変わります。

▶ ひもの用意

1 ひものラベルを外す。このままひもを引き出すとからまりやすい。

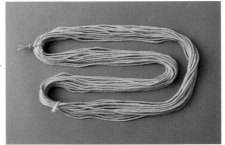

外したところ。かせの状態。

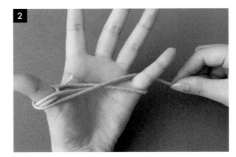

2 ひもを親指と小指に8の字にかけて巻きとる。巻き直すと、ひもを引き出しやすく、からみにくい。手にぐるぐると巻いて糸玉のようにしてもよい。

▶ ひも端の始末 【作業前】

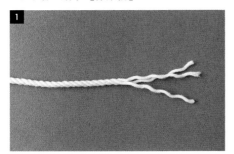

1 ひも端がほつれやすいため、作業中によりがほどけると結びにくくなる。

2 ひもを切る前にひも端となる箇所にテープを巻く。

テープの中心を切る。テープはつけたまま作業をする。

▶ ひも端の始末 【作業後】

〔 **接着剤** 〕

結び目に接着剤をつけ、硬化してから余分なひも端を切る。

〔 **焼きどめ** 〕

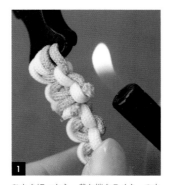

1 ひもを切ったら、裁ち端をライターの火の根元を近づけてあぶる。

2 裁ち端が溶けたら火を消し、ライターの側面を押しつけて固める。

3 裁ち端が溶けて固まったところ。

※ライターの取り扱いには十分注意してください。焼きどめできるのはポリエステルやナイロン等の化学繊維のひもです。

◆ 二つ折りにするひもの取りつけ方 ◆   芯となるひもや金具のカン、バーなどに結び用のひもを取りつける方法を2つ紹介します。

▶ 二つ折り〈コブ裏〉

結びひもを二つ折りし、芯の後ろに輪を上にしておく。

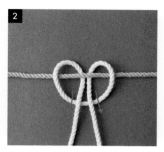

輪を手前に折り、ひもの両端を輪の中から引き出し、引き締める。

引き締めて取りつけたところ。コブ（折り山）が裏にくる。

レバーカンに取りつけたもの

▶ 二つ折り〈コブ表〉

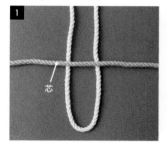

結びひもを二つ折りし、芯の後ろに輪を下にしておく。

ひもの両端を輪の中に通し、引き締める。

引き締めて取りつけたところ。コブ（折り山）が表にくる。

リングに取りつけたもの

◆ マクラメピンのとめ方 ◆   形よく結ぶには専用ボードとピンを使うのがおすすめです。とくに巻結び（p.35）をするときに必要です。

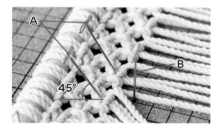

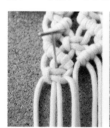

ひもがずれないようにするには、垂直ではなく斜め45°（結ぶ方向と反対方向から斜め）にピンをとめる（A）。七宝結び（p.33）で間隔をあける目印にする場合は垂直にとめる（B）。

結び目をまっすぐにそろえたり、間隔をあけたりする際の目印にする場合はピンを垂直にとめる。

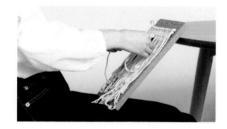

マクラメボードは斜め45°くらいの角度にして使うと、作業しやすい。

◆ スマホショルダーの取りつけ方 ◆   スマホショルダーを取りつける方法を2つ紹介します。スマホタグパッチのつけ方のコツも確認しましょう。

スマホタグパッチはケースの内側におき、金具（ハトメ）が端からギリギリ出る位置に調整して、テープでとめる。金具が出すぎるとちぎれやすくなるので注意。

金具（ハトメ）にレバーカンをつける。もう一方のレバーカンはタグにつけたレバーカンにつなぐ。

スマホタグパッチを2枚使う方法。それぞれの金具（ハトメ）をスピーカー穴から出してレバーカンをつなぐ。

LESSON ～ 基本の結び方 ～

Basic Technique ①
四つ組み

丸いロープ状に組み上がる四つ組み。
4本のひもで組むので、引き締める力加減もポイントです。

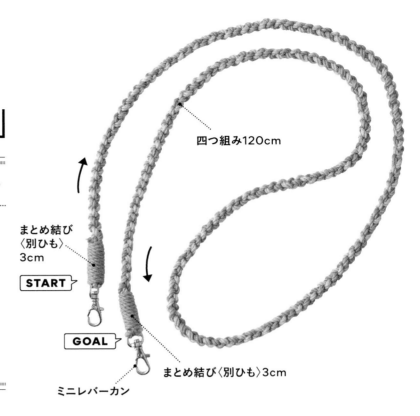

四つ組み120cm

まとめ結び
〈別ひも〉
3cm

START

GOAL

まとめ結び〈別ひも〉3cm

ミニレバーカン

◆ 四つ組みのスマホショルダー

Photo — 4,5ページ　　Size — 約126cm（金具含まず）

【材料】
2色/コットンコード・ソフト3 … **うすみどり（274）**1かせ、
　　　　　　　　　　　　　　　うす紫（280）1かせ
単色/コットンスペシャル3mm … **イエロー（1022）**1かせ
共通/ミニレバーカン（内径8mm）… **シルバー（S1070）**2個

【ひもの用意】
2色/うすみどり … 380cm×1本
　　うす紫 … 380cm×1本、50cm×2本
単色/イエロー … 380cm×2本、50cm×2本

作り方

▶ ひもをセットする

1

レバーカン

うす紫

うす
みどり

レバーカンにうすみどりとうす紫
のひも380cm1本ずつを二つ折
り〈コブ裏〉(p.25)で取りつける。

▶ まとめ結び〈別ひも〉をする

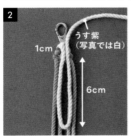

2

1cm

うす紫
（写真では白）

6cm

うす紫のひも50cmを、1cm端
を出し、写真のように6cm折っ
て重ねる。

3

1で取りつけたひももまとめて
3cm分巻く。

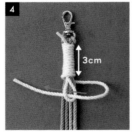

4

3cm

巻いてきたひもを下の輪にゆるみ
なく通す。

5

上のひも端を引く。下の輪が巻き
の中に入るまで引き締める。

6

上下の余分なひもを巻きのキワ
で切る。

7

まとめ結びができたところ。

▶ 四つ組み・斜めストライプ

8

レバーカンをクリップボードに固
定し、2色のひもが交互に並ぶよ
うにセットする。

POINT!

手前になる

このとき、内側のひもは右側の
ひもが手前になること。

9

右端のひもを2本くぐらせて手前
に折り返す。

四つ組み

平結び

ねじり結び

スイッチング平結び

七宝結び

巻結び

まとめ結び〈別ひも〉

10

折り返したところ。

11

左端のひもを2本くぐらせて手前に折り返す。

12

右端のひもを2本くぐらせて折り返す。

13

左端のひもを2本くぐらせて折り返す。

14

4本のひもで1回ずつ組んだところ。ひもを2本ずつ持ち、左右に広げて組んだ部分を引き締める。【四つ組み1回できたところ】

15

9〜**14**を繰り返し、四つ組みを120cm分組む。組み目のそばで作業すると、ゆるまずにきれいに組める。

POINT!

左右どちらのひもを次に組むのか迷ったときは、一番上に位置しているひも（★・写真では左端）と覚えておく。

16

コード状に長く組む場合は、クリップを固定し直しながら作業するとよい。

POINT!

作業を中断する場合は、ひもがゆるまないようにマスキングテープで左右2本ずつに分けてとめておくとよい。

▶ まとめ結び〈別ひも〉をする

17

3cm

120cm分組んだら、もう1個のレバーカンにひもを通し、組み目から3cmあけて折る。

18

うす紫（写真では白）

うす紫のひも50cmを**2**と同様に折り、まとめ結びを3cm分する。

19

3cm

まとめ結びをして余分なひもを切ったところ。

▶ ひもを始末する

20

結びひもを1本ずつ引き締める。

21

余分なひもをまとめ結びの巻のキワで切る。

2パターンできるストライプ模様

1本どり2色のひもで四つ組みをする場合、
ストライプ模様は、斜めと縦の2パターンができます。

セット

このページで紹介しているセット**8**。2色を1本ずつ交互に並べる。

▶

〈 斜めストライプ 〉

セット

8の工程で2色を2本ずつ並べる。

▶

〈 縦ストライプ 〉

27

Basic Technique ②
平結び

芯のひもに、左右に出した結びひも1本ずつを
交互に結ぶ方法。本書で一番よく使用する結び方です。

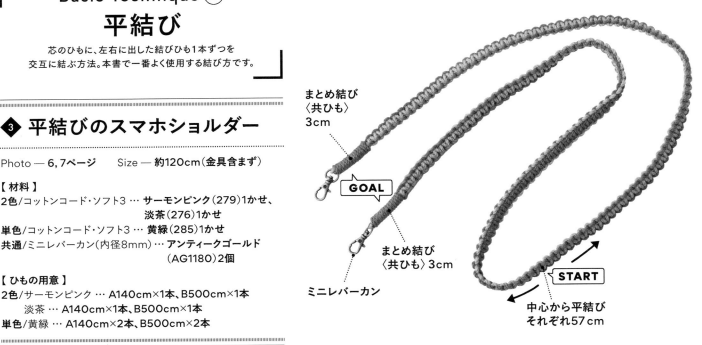

まとめ結び
〈共ひも〉
3cm

GOAL

まとめ結び
〈共ひも〉
3cm

ミニレバーカン

START

中心から平結び
それぞれ57cm

◆ 平結びのスマホショルダー

Photo — 6, 7ページ　　Size — 約120cm(金具含まず)

【材料】
2色/コットンコード・ソフト3 … **サーモンピンク(279)**1かせ、
　　　　　　　　　　　　　　　　淡茶(276)1かせ
単色/コットンコード・ソフト3 … **黄緑(285)**1かせ
共通/ミニレバーカン(内径8mm) … **アンティークゴールド**
　　　　　　　　　　　　　　　　　　(AG1180)2個

【ひもの用意】
2色/サーモンピンク … A140cm×1本、B500cm×1本
　　　淡茶 … A140cm×1本、B500cm×1本
単色/黄緑 … A140cm×2本、B500cm×2本

作り方

▶ ひもをセットする

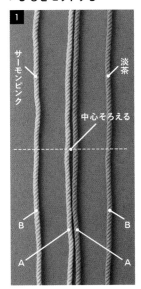

左からサーモンピンクB、A、淡茶A、Bの順に中心をそろえて並べる。

中心で軽くひと結びし、クリップボードに固定する。Aが芯、Bが結びひもとなる。メイン(内側)にしたい色を左側にする。

左の結びひもを芯にのせる。

右の結びひもをその上にのせる。4の字の形になる。

▶ 平結びをする

右の結びひもを、芯の下を通し、左にできた輪から出す。

結びひもを左右に引き締める。平結び1回の半分、0.5回の結び目ができる。

右の結びひもを芯にのせる。

左の結びひもをその上にのせる。逆4の字の形になる。

28

四つ組み

平結び

ねじり結び

スイッチング平結び

七宝結び

巻結び

まとめ結び〈共ひも〉

9

左の結びひもを、芯の下を通し、右にできた輪から出す。

10

結びひもを左右に引き締める。【平結び1回できたところ】

11

3～**10**を繰り返し、指定の長さ分（57cm）結ぶ。写真は4回結んだところ。

POINT!

コブ

どちらを結ぶか迷ったら、一番下のコブを確認し、コブがある側（写真は左側）のひもで4の字を作る。

12

57cm分結んだら、**2**で結んだひもと結びをほどく。

13

ほどいたら天地を逆にしてクリップボードに固定する。

14

① ②

前半と結び目をそろえるために、右の結びひもから平結びをする（コブが右側にある）。残り半分も平結びを57cm分結ぶ。

▶ まとめ結び〈共ひも〉をする

15

裏側

5cm 3cm

レバーカンに芯（A）を2本通し、結び目から3cmあけて折る。結びひも（Bのサーモンピンク）を5cmで折り返す。

16

結びひも（Bの淡茶）でまとめ結び（p.26）を3cm分する。

17

3cm

15で折り返した輪に通し、結びひも（サーモンピンク）を引く。

▶ ひもを始末する

18

引いて、下の輪がまとめ結びの中に入ったところ。

19

余分なひもをまとめ結びのキワで切る。もう一方も**15**～と同様にまとめ結びをし、ひもを始末する。

マクラメボードとピンを使う方法

平結びの場合、芯はピンと張った状態のほうが結びやすいので芯にピンを打つのもおすすめです。

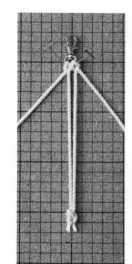

ピンは、レバーカンではなく、結びひもの始点に打って固定する。

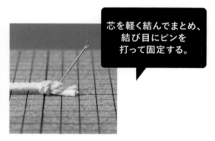

芯を軽く結んでまとめ、結び目にピンを打って固定する。

Basic Technique ② 応用1
ねじり結び

芯のひもに、左右に出した結びひも1本ずつを一方に結ぶ方法。
4〜5回結ぶとひとねじりします。

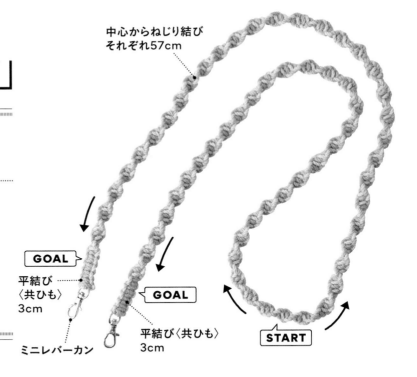

中心からねじり結び
それぞれ57cm

GOAL

平結び〈共ひも〉
3cm

ミニレバーカン

平結び〈共ひも〉
3cm

GOAL

START

◆ ④ ねじり結びの スマホショルダー

Photo — 7ページ　　Size — 約120cm（金具含まず）

【材料】
コットンコード・ソフト3 … ピンク（278）1かせ、
　　　　　　　　　　　　　 グレー（273）1かせ
ミニレバーカン（内径8mm）… シルバー（S1070）2個

【ひもの用意】
ピンク … A140cm×1本、B560cm×1本
グレー … A140cm×1本、B560cm×1本

作り方

▶ ひもをセットする

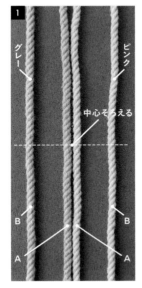

左からグレーB、A、ピンクA、B
の順に中心をそろえて並べる。

中心で軽くひと結びし、クリップボードに固定する。Aが芯、Bが結
びひもとなる。

▶ ねじり結びをする

左の結びひもを芯にのせる。

右の結びひもをその上にのせる。
4の字の形になる。

右の結びひもを、芯の下を通し、
左にできた輪から出す。

結びひもを左右に引き締める。
【ねじり結びが1回できたところ】

左の結びひもを芯にのせる。

右の結びひもをその上にのせる。
4の字の形になる。

30

四つ組み

平結び

ねじり結び

スイッチング平結び

七宝結び

巻結び

まとめ結び

9 右の結びひもを、芯の下を通し、左にできた輪から出す。

10 結びひもを左右に引き締める。【ねじり結びが2回できたところ】

11 つねに左側を4の字の形にし、右側のひもを通すねじり結びをする。5回結んだところ。

12 5回結んだら、左右のひもを入れ替えてねじり結びをする。写真はひもを入れ替えたところ。

13 5回結ぶごとに左右のひもを入れ替えながら、57cm分結ぶ。

14 57cm分結んだら、2 で結んだひもと結びをほどく。

15 ほどいたら天地を逆にしてクリップボードに固定する。

16 左側を4の字の形にしてねじり結びをする。

17 残り半分も57cm分結ぶ。

▶平結びをする

18 レバーカンに芯（A）を2本通し、結び目から3cmあけて折り返す。

19 Aの4本を芯にして、平結び（p.28）を3cm分する。

20 平結びなので、左右交互に4の字の形にする。

21 平結びを3cm分したところ。

▶ひもを始末する

22 結びひも（B）を始末する。鉗子を使って平結びの裏側の目に通す。

23 結び目に通したところ。

24 結びひも2本を通したら、余分のひもを切る。

25 折り返した芯（平結びの芯にしたひも）の余分を切る。もう一方も 18 ～と同様に平結びをし、ひもを始末する。

▶鉗子を使わない結びひもの始末

1 結びひも（B）を平結びの裏側に回し、本結び（p.62）をする。

2 結び目に接着剤をつけ、硬化したら余分のひもを切る。

Basic Technique ② 応用2
スイッチング平結び

平結びの芯を結びひもと
交換しながら結ぶ方法です。

**スイッチング平結び
114cm**

**まとめ結び
〈別ひも〉
3cm**

START

GOAL

ミニレバーカン

**まとめ結び
〈別ひも〉
3cm**

◆ ⑤ スイッチング平結びの スマホショルダー

Photo — 7, 20ページ　　Size — 約120cm（金具含まず）

【材料】
2色/コットンコード・ソフト3 … **ライトブラウン（275）1かせ、
　　　　　　　　　　　　　　　　水色（288）1かせ**
ミニレバーカン（内径8mm）… **アンティークゴールド（AG1180）2個**
単色/コットンスペシャル3mm … **生成（1021）1かせ**
ミニレバーカン（内径8mm）… **ゴールド（G1071）2個**

【ひもの用意】
2色/ライトブラウン … 600cm×1本
　　水色 … 600cm×1本、50cm×2本
単色/生成 … 600cm×2本、50cm×2本

作り方

**▶ ひもをセットし、
　まとめ結びをする**

▶ スイッチング平結びをする

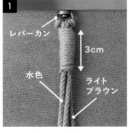
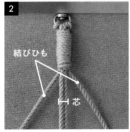

1　ライトブラウンと水色のひも600cm1本ずつをレバーカンに二つ折り〈コブ裏〉(p.25)で取りつけ、水色のひも50cmでまとめ結び(p.26)を3cm分する。

2　水色のひもを芯に、ライトブラウンのひもを結びひもとしてスタート。平結び(p.28)を2回する。

3　平結びを2回したところ。

4　芯と結びひもを交換する。

5　水色のひもを結びひもにして平結びを2回する。

▶ まとめ結び〈別ひも〉をする

6　芯を交換する。このように平結び2回ずつ結ぶごとに芯と結びひもを交換して、114cm分結ぶ。

7　114cm分結んだら、もう1個のレバーカンにひもを通し、結び目から3cmあけて折り返す。

8　水色のひも50cmでまとめ結び(p.27)を3cm分する。残りのひもは引き締めてから始末する(p.27)。

七宝結びと芯交換

七宝結びは、芯と結びひもを換えながら面状につなげて結ぶ技法です。
ただし、本書で「芯交換」と解説する際は、ひもをねじって（交差させて）結びひもと芯を入れ替える場合を指します。
基本の七宝結びは、ひもは交差させず、隣り合うひも同士で結びます。本来の結びひもを芯と入れ替える場合に「交換して結ぶ」と表現しています。

Basic Technique ② 応用3
七宝結び
平結びを平面に結ぶ方法です。

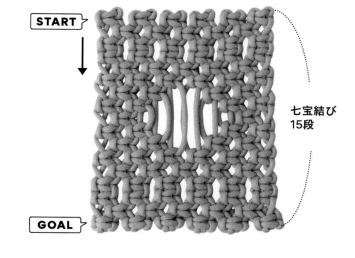

START

GOAL

七宝結び
15段

---

⑮ 七宝結びのコースター

Photo — 14ページ　　Size — 約9.5cm×11cm

【材料】　コットンスペシャル3mm… ベージュ(1024)、
　　　　　またはグレー(1025)1かせ

【ひもの用意】　150cm×12本

作り方

▶ ひもをセットする

1

9cm

150cmのひも12本を二つ折りにし、9cm幅内に均等に高さをそろえて並べ、ピンでとめる。

▶ 七宝結びをする

2

1段めは4本1組にし、平結び(p.28)を1回ずつ6組結ぶ。

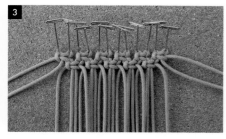

3

2段めは両端の2本ずつをよけた4本1組で平結びを1回ずつ5組結ぶ。

POINT!

結ぶごとに芯を1本ずつ引き締めると仕上がりがきれい。結び目を押さえながら引くのがコツ。

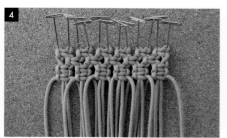

4

3段めは ③ でよけたひもを加え、よけたひもの芯と結びひもを交換して(p.32 ④、下POINT!参照)平結びを2回ずつ6組結ぶ。

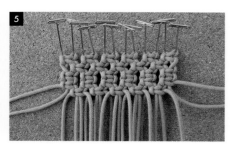

5

4段めは ③ と同様に両端の2本ずつをよけ、平結びを1回ずつ5組結ぶ。

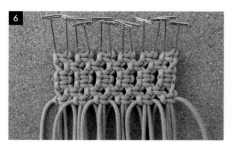

6

5段めは ④ と同様によけたひもの芯と結びひもを交換して平結びを1回ずつ6組結ぶ。

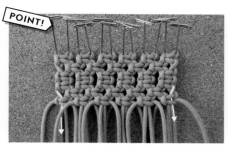

POINT!

左端、右端の平結びを結ぶとき、端に位置するひもがつねに結びひもにならないよう、ひもを交換して(端のひもを次の段の芯にして)結ぶ。

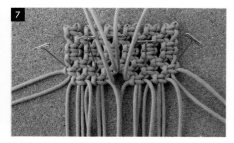

7

6段めは内側のひも4本を折り上げ、ピンをとめ直す。両端のひも2本ずつをよけ、平結びを1回ずつ4組結ぶ。

▶ 次ページに続く

四つ組み

平結び

ねじり結び

スイッチング平結び

七宝結び

巻結び

まとめ結び〈別ひも〉

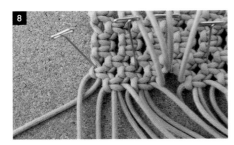

8

7段めは**7**でよけた両端のひもを加え、内側のひも8本を折り上げ、端から平結びを1回ずつ4組結ぶ。写真は端のひも2本を交換したところ。
※両端を交換せずに結んでもよいが、ひもが足りなくなる場合がある。

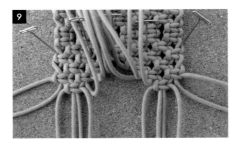

9

8段めは中心のひも12本を折り上げ、両端のひも2本ずつをよけ、平結びを1回ずつ2組結ぶ。

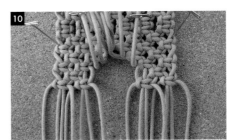

10

8～**2**の順に、同様に結ぶ。写真は上げていた内側のひもの脇から2本ずつ下ろし、平結びを1回ずつ4組結んだところ（9段め）。

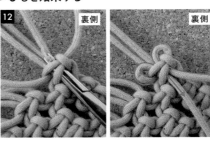

11

1段め
2段め
3段め
4段め
5段め
6段め
7段め
8段め
9段め
10段め
11段め
12段め
13段め
14段め
15段め

9から上下対称に結んだところ。

▶ **ひもを始末する**

12 裏側 裏側

結びひもの2本は裏側で平結びの結び目に通す。

▼

13 裏側

芯は二通りの始末を選ぶ。余分をカットして始末するか（左写真）、裏側で平結びの結び目に通す。このとき、結び目2本ではなく1本のみに通すこと（右写真）。

14 裏側

余分のひもを切る。

Basic Technique ③

巻結び

芯に巻きつけるように結びます。
結び目が横に並ぶ方法と斜めに並ぶ方法を紹介します。

⑯ 巻結びのコースター

Photo — 14ページ　Size — 約9.5cm×14cm（フリンジ含まず）

【 材料 】
コットンスペシャル3mm … 生成（1021）1かせ

【 ひもの用意 】
150cm×12本、20cm×2本

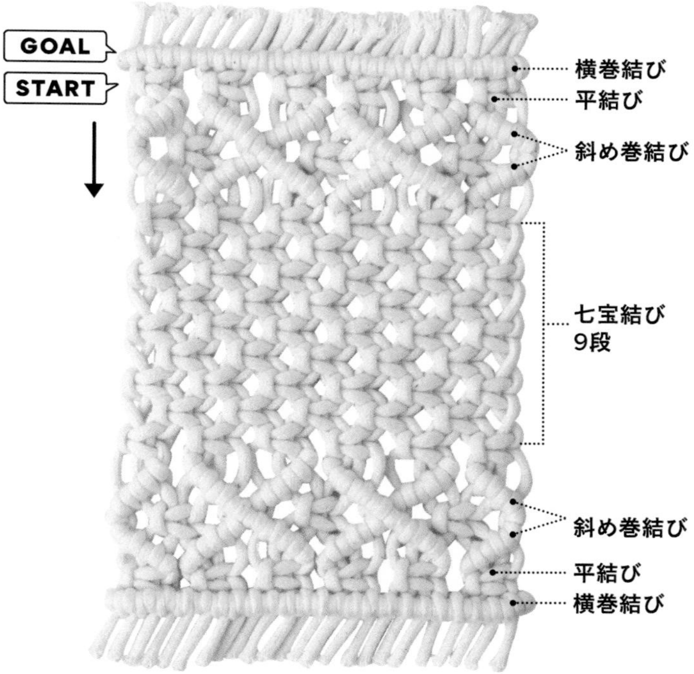

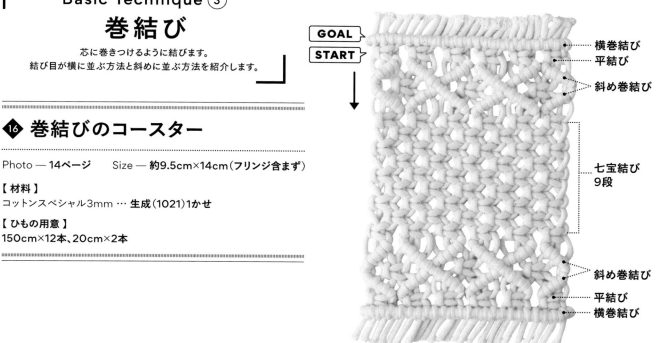

作り方

▶ ひもをセットする

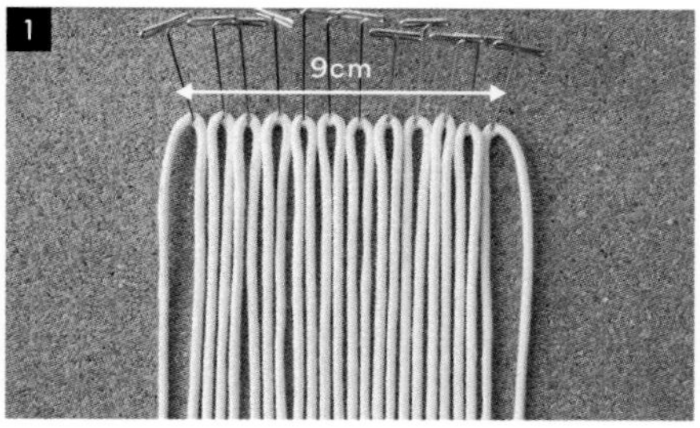

150cmのひも12本を二つ折りにし、9cm幅内に均等に並べ、高さをそろえてピンでとめる。

▶ 平結びをする

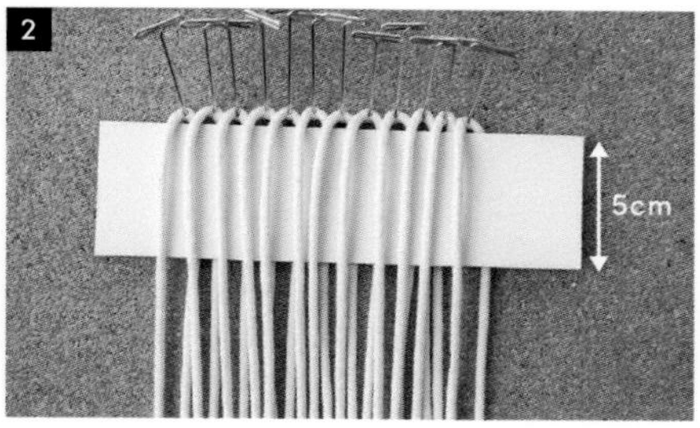

5cm幅の厚紙をひも1本おきに差し込んで間隔をあける。4本1組にし、平結び（p.28）を1回ずつ6組結ぶ。

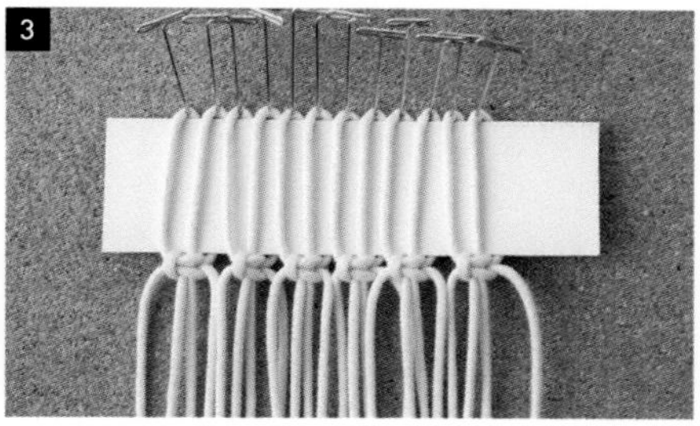

6組結んだところ。

▶ 斜め巻結びをする

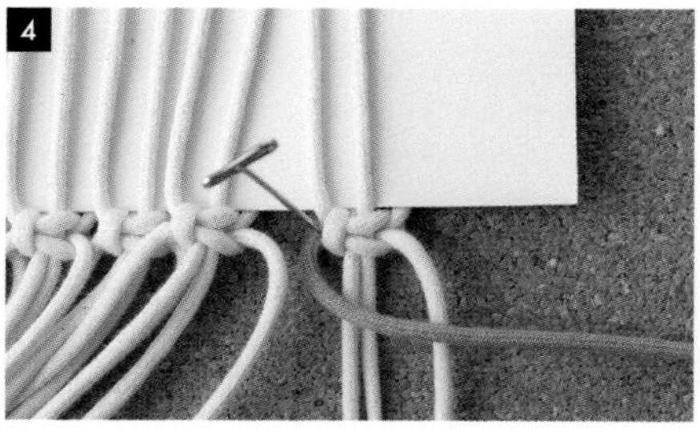

右下に向かう斜め巻結びをする場合は、平結びの左端のひもを芯にする。芯の始点にピンを斜め45°にとめ、右下へ渡す。
※わかりやすいよう芯を違う色で解説しています。

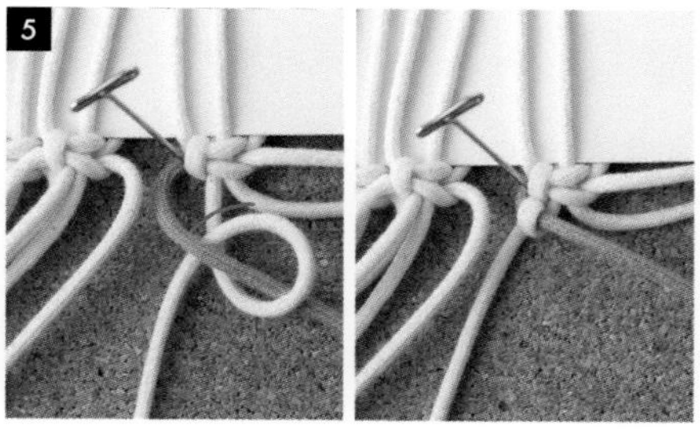

芯の右隣の結びひもを芯の下から上、下と巻いて引き締める。芯を右下（進行）方向に引きながら、結びひもを巻く。

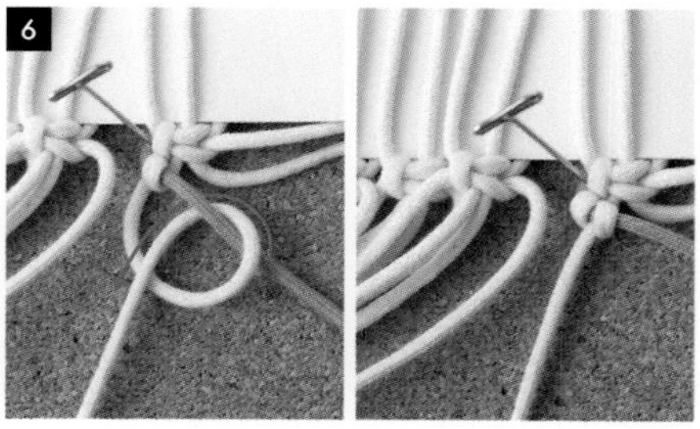

続けて、同じ結びひもで芯の上から下と巻き、輪の上に出して引き締める。これで巻結びを1目と数える。

▶ 次ページに続く

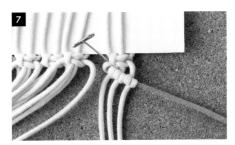

7 同様に、目が右下に向かって並ぶように右隣のひもで2目め、3目めを結ぶ。

8 左下に向かう斜め巻結びをする場合は平結びの右端のひもを芯にする。芯の始点をピンでとめ、左下に渡す。

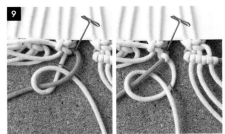

9 芯の左隣の結びひもを芯の下から上、下と巻いて引き締める。続けて、同じ結びひもで芯の上から下と巻き、輪の上に出して引き締める。

10 引き締めて、1目結んだところ。

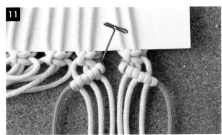

11 同様に、目が左下に向かって並ぶように左隣のひもで2目め、3目めを結ぶ。

12 4～11を繰り返し、左側もハの字に結ぶ。

▶ 平結びをする

13 ハの字の中央4本を1組にし、平結びを1回ずつ3組結ぶ。

▶ 斜め巻結びをする

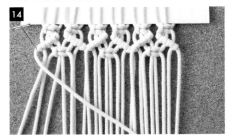

14 左端から、右下に向かう斜め巻結び（3目）をする。

15 3目結んだところ。次に前段の右下に向かう斜め巻結び（★）に続けるように★の芯を芯にして4目結ぶ。

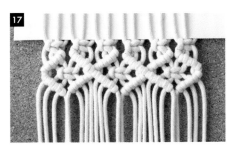

16 右下に向かう斜め巻結び（4目）を結んだところ。次に♥のひもを芯にして左下に向かう斜め巻結び（3目）をする。

17 左下に向かう斜め巻結び（3目）をしたところ。

▶ 七宝結びをする

18 左端から4本1組にし、平結びを1回ずつ6組結ぶ。このとき4本の中心にピンをとめながら結び、6組の高さをそろえる。

6組結んだところ（1段め）。

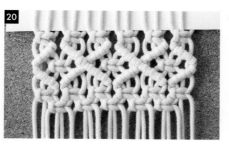

両端の2本ずつをよけた4本1組で平結びを1回ずつ5組結ぶ（2段め）。**18**〜**20**を繰り返し、七宝結びで9段結ぶ。

POINT!

3、5、7、9段めは左端、右端の平結びを結ぶとき、端に位置するひもがつねに結びひもにならないよう、隣と交換して（端のひもを芯にして）結ぶ。

▶斜め巻結び、平結びをする

4〜**18**を繰り返す。

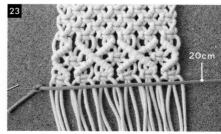

▶横巻結びをする

20cmのひも端を軽くひと結びし、ピンでとめ、横に渡す。
※わかりやすいよう芯を違う色で解説しています。

七宝結びで9段結んだところ。

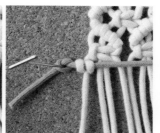

左端の結びひもを芯の下から上、下と巻いて引き締める。続けて、同じ結びひもで芯の上から下と巻き、輪の上に出して引き締める。

【横巻結びを1目結んだところ】

目が横に並ぶように、左から右へ24目結ぶ。

▶ひもを始末する

裏側

裏に返し、横巻結びの芯のひと結びをほどき、両方のひも端を平結びの裏の目に入れて始末する。

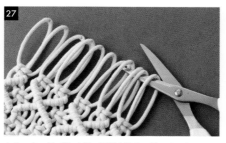

もう一方の結び始め側の厚紙を抜き、輪になったひもを切り、**23**〜**26**と同様に横巻結びをする。

ひも端を1cm程度にそろえて切る。

四つ組み
平結び
ねじり結び
スイッチング平結び
七宝結び
巻結び
まとめ結び〈別ひも〉

RECIPE ～ 作品の作り方 ～

❷ 矢羽根模様の スマホショルダー

Photo — 4ページ　　Size — 約120cm（金具含まず）

【材料】
コットンコード・ソフト3
… 生成（271）1かせ、ネイビー（290）1かせ
ミニレバーカン（内径8mm）… ゴールド（G1071）2個

【ひもの用意】
生成 … 380cm×2本
ネイビー … 400cm×2本

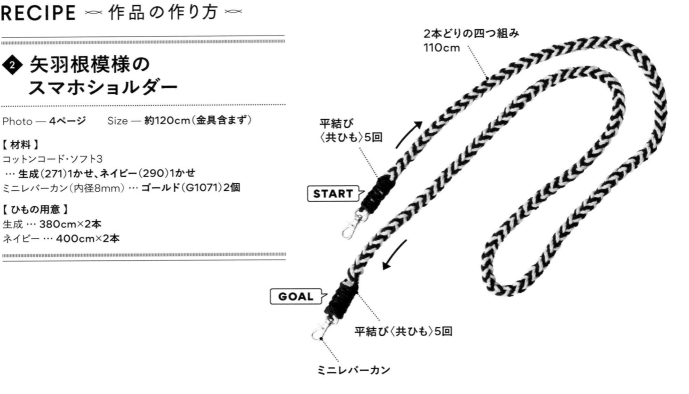

2本どりの四つ組み
110cm

平結び
〈共ひも〉5回

START

GOAL

平結び〈共ひも〉5回

ミニレバーカン

作り方

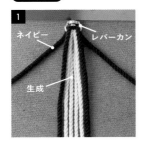

ネイビー　レバーカン

生成

生成、ネイビー2本ずつレバーカンに通して二つ折りにする。ネイビー2本を結びひも、その他6本を芯にする。

平結び（p.28）を5回する。

生成とネイビーを1本ずつ写真のように2本どりに分ける。

2本どりで四つ組み（p.26）を110cm組む。ひもがねじれないように注意。

長く残っているネイビー2本以外の6本をもう1個のレバーカンに通す。

3cm

組み目から3cmあけて折り返す。

残したネイビーの2本を結びひもにし、平結びをする。

平結びを3cm分（5回）する。

芯のひもは1本ずつ引き締め、ゆるみをとってから切る。

結びひもは裏側で平結びの目に通して始末する（p.31）。

❻ 平結びと四つ組みの スマホショルダー

Photo — 8ページ　　Size — 約120cm（金具含まず）

【材料】
コットンコード・ソフト3
…グリーン（287）1かせ、生成（271）1かせ
ミニレバーカン（内径8mm）
…アンティークゴールド（AG1180）2個

【ひもの用意】
グリーン … 480cm×1本
生成 … 480cm×1本

スイッチング平結び
49回

四つ組み30cm

平結び
〈共ひも〉5回

START

GOAL

平結び
〈共ひも〉5回

ミニレバーカン

四つ組み30cm

作り方

1
左側を生成、右側をグリーンでレバーカンに二つ折り〈コブ裏〉（p.25）で取りつけ、平結び（p.28）を5回する。

レバーカン
白
グリーン

2
縦ストライプの四つ組み（p.27）を30cm組む。

3
生成を芯、グリーンを結びひもにし、スイッチング平結び（p.32）をスタートする。

4
まず、グリーンで平結びを1回する。

5
芯と結びひもを交換する。平結び1回ごとに芯と結びひもを交換する。

6
生成で平結びを1回する。

7
4〜6を繰り返し、1回ごとに芯交換するスイッチング平結びを計49回（約50cm）する。

8
49回結んだところ。グリーンで終える。四つ組み〈縦ストライプ〉のセット（p.27）をする。

9
四つ組み（p.26）を30cm組む。

10
4本すべてレバーカンに通して3cm分折り返し、各色長いほうのひも1本ずつを結びひもにし、平結びを5回（3cm分）結ぶ（p.31）。結びひもと芯を始末する（p.31）。
※p.31では芯の2本のみレバーカンに通していますが、この作品では4本とも通します。

◆7 平結びとねじり結びの スマホショルダー

Photo — 8、9ページ　　　Size — 約125cm（金具含まず）

【材料】
2色/コットンコード・ソフト3
… 黄(284)1かせ、ネイビー(290)1かせ
ミニレバーカン(内径8mm) … ゴールド(G1071)2個
単色/コットンスペシャル3mm … オレンジ(1023)1かせ
ミニレバーカン(内径8mm) … シルバー(S1070)2個

【ひもの用意】
2色/黄 … 720cm×1本
　　　ネイビー … 720cm×1本
単色/オレンジ … 720cm×2本

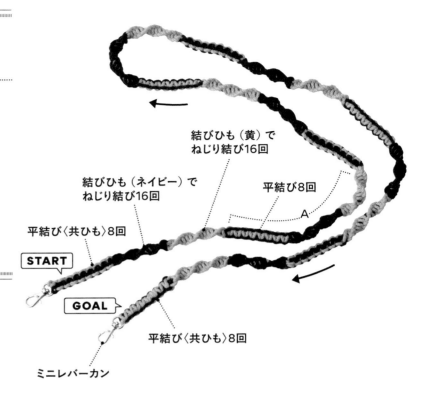

結びひも（黄）で
ねじり結び16回

結びひも（ネイビー）で
ねじり結び16回

平結び8回

A

平結び〈共ひも〉8回

START

GOAL

平結び〈共ひも〉8回

ミニレバーカン

作り方

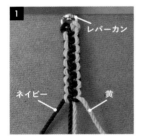

レバーカン

ネイビー　　黄

左側をネイビー、右側を黄でレバーカンに二つ折り〈コブ裏〉(p.25)で取りつけ、平結び(p.28)を8回する。

黄を芯に、ネイビーを結びひもとする。

ネイビーを結びひもとしてねじり結び(p30)を16回する。ネイビーを芯に、黄を結びひもとする。

ねじり結びを16回する。

黄　　　　　　　　ネイビー

結びひもの左側を黄、右側をネイビーにする。このとき、長いひもを結びひもにすること。
※芯の左右は気にしなくてよい。

平結びを8回する。**3 4**を繰り返す（上写真A）。

7
Aを5回繰り返す。短く残った黄とネイビー1本ずつをレバーカンに通して5cm分折り返し、長く残った黄とネイビー1本ずつを結びひもにして平結びを8回（5cm分）結ぶ（p31）。結びひもと芯を始末する（p.31）。

40

⑧ さざれ石とパールの アイグラスコード

Photo — 10ページ　　Size — 70cm（金具含まず）

【材料】
マイクロマクラメコード … **チャイ（1464）**1巻、
　　　　　　　　　　　　　シルバー（1742）1巻
ストラップ金具 … **シルバー（S1134）**2個
ビーズ（さざれ）… **水晶（AC401）**8個
パール（ポテト6〜7mm）… **ホワイト（AC704）**4個
メタルビーズ極小（2.5mm）… **ゴールド（AC1641）**6個
グラスコード用コネクタパーツ … 2個

【ひもの用意】
チャイ … 220cm×1本
シルバー … 220cm×1本

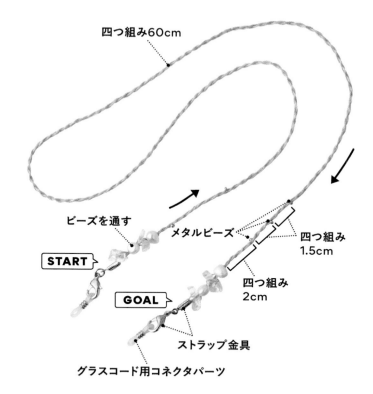

四つ組み60cm

ビーズを通す

START

GOAL

メタルビーズ

四つ組み
1.5cm

四つ組み
2cm

ストラップ金具

グラスコード用コネクタパーツ

作り方

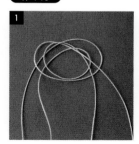

1
チャイとシルバーのひも2本を中心でひと結びする。

2　ストラップ金具
ペンチでストラップ金具のカシメを片方ずつ折り、**1**の結び目を挟みとめる。

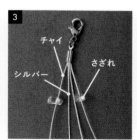

3　チャイ　さざれ　シルバー
チャイ、シルバーの順にひもを並べ、外側のひも2本にさざれを1個ずつ通す。
※ビーズが通しづらい場合はひも端を焼きどめ（p.24）するとよい。

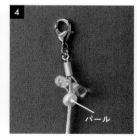

4　パール
4本のひもにパール1個を通す。

5
3、**4**を繰り返す。

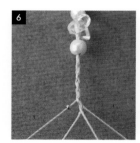

6
クリップボードに固定し、四つ組み〈斜めストライプ〉（p.27）を2cm組み、外側のひも1本にメタルビーズ1個を通す。

7
四つ組み1.5cmごとにメタルビーズを1個通し、計3個通す。

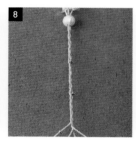

8
3個通したら、ビーズを通さずに四つ組みを組む。パールから60cm組む。

9
7を繰り返し、パールとさざれを**3**〜**5**と逆の順序で通し、4本まとめてひと結びする。

10
余分のひもを切り、ストラップ金具のカシメで結び目をとめる。両端にグラスコード用コネクタパーツをつける。

◆9 ネオンカラーの アイグラスコード

Photo — **10ページ**　Size — **70cm（金具含まず）**

【材料】
マイクロマクラメコード … **ネオンオレンジ（1744）1巻、**
ネオンライム（1743）1巻
ストラップ金具 … **ゴールド（G1135）2個**
グラスコード用コネクタパーツ … **2個**

【ひもの用意】
ネオンオレンジ … **220cm×1本**
ネオンライム … **220cm×1本**

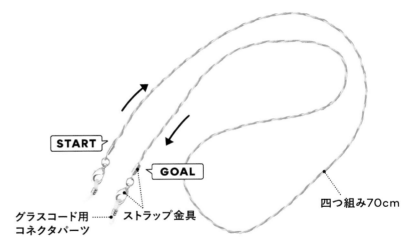

START

GOAL

グラスコード用 ……
コネクタパーツ

ストラップ金具

四つ組み70cm

作り方

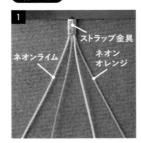

ネオンライム　　ストラップ金具　ネオンオレンジ

2本のひもを中心でひと結びし、ストラップ金具のカシメでとめる。（p.41 ◆8 **1**、**2**）。

四つ組み〈斜めストライプ〉（p.27）で70cm組む。

4本まとめてひと結びして余分のひもを切り、ストラップ金具のカシメでとめる。両端にグラスコード用コネクタパーツをつける。

◆10 平結びのブレスレット

Photo — **11ページ**　Size — **約15〜16cm（ループ含まず）**

【材料】
ロマンスコード（1.5mm）… **茶/A・ベージュ（853）、B・キャラメル（866）各1かせ**
ベージュ/A・ブラック（856）、B・ベージュ（853）各1かせ
留めパーツ … **茶／アンティークゴールドピューター（AC1274）1個**
ベージュ／キャストピューター（AC1264）1個

【ひもの用意】 **A60cm×1本、B120cm×1本**

作り方

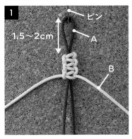

ピン
1.5〜2cm
A
B

Aを二つ折りにしてピンにかけ、芯にする。ピンから1.5〜2cmの位置でBの中心を芯の下にセットし、平結び（p.28）を3回する。

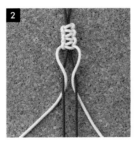

写真のように芯交換を2回する。

1cm

結び目から1cmの位置にピンをとめ、Bで平結びを3回する。

▶ 次ページに続く

芯（A）

START

結びひも（B）

平結び
3回

芯交換
2回

※手首のサイズに合わせて平結びの回数を調整する

GOAL

留めパーツ

POINT!

1回結んだら結び目を押さえながら1本ずつ芯を引き締め、ひものゆるみを整える。

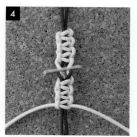

4

2、**3**を繰り返し、手首の長さより1.5cmほど短い長さまで結ぶ。

5

留めパーツにAを2本通し、2cmほどあけて折り返す。

2cm

留めパーツ

6

A4本を芯にし、Bで平結びを2回結ぶ。裏側で芯を引き締め、長さを調整する。

7　裏側

裏側で結びひもを本結び（p.62）し、接着剤をつけて固めてから余分を切る。芯も余分を切る。

---

⑪ ウェーブ模様のブレスレット

Photo — 11ページ　　Size — 約16cm（ループ含まず）

【 材料 】

ロマンスコード（1.5mm）… ベージュ（853）、またはエンジ（867）、マロン（854）各1かせ

留めパーツ … ベージュ、マロン/アンティークゴールドピューター（AC1272）各1個

エンジ/キャストピューターパーツ（AC1262）1個

【 ひもの用意 】120cm×6本

※マロンは裏表紙に掲載されています。

作り方

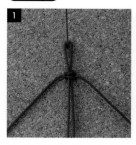

1

ひも1本めを二つ折りにしてピンにかけ、芯にする。ピンから1.5cmの位置でひも2本めの中心を芯の下にセットし、平結び（p.28）を1回する。

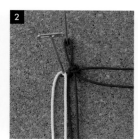

2

2段めは、ひも3本めを二つ折りにして**1**の左にピンでとめる。
※わかりやすいよう2色で解説しています。

3

平結びを1回する。

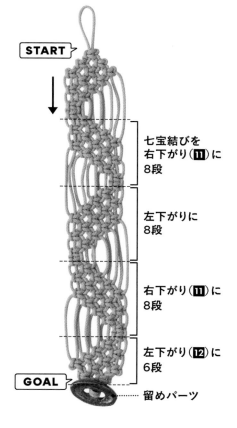

START

七宝結びを
右下がり（⑪）に
8段

左下がりに
8段

右下がり（⑪）に
8段

左下がり（⑫）に
6段

GOAL

留めパーツ

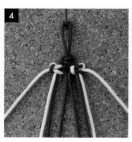

4

ひも4本めを**2**、**3**の要領で右にピンでとめ、右側に平結びを1回する。

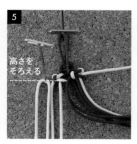

5

3段めは、ひも5本めを二つ折りにして**3**の左にピンでとめる。

高さを
そろえる

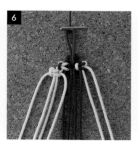

6

平結びを1回する。

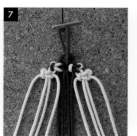

7

ひも6本めを**5**、**6**の要領で右にピンでとめ、平結びを1回する。

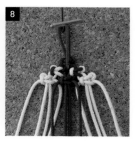

8

内側の4本で平結びを1回する。3段めを結んだところ。

▶ 次ページに続く

9

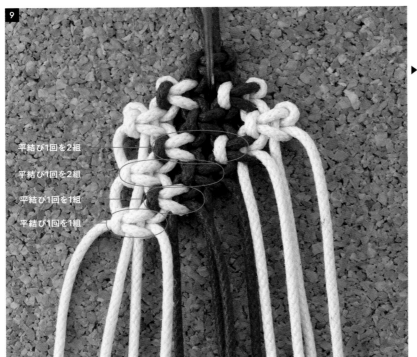

平結び1回を2組

平結び1回を2組

平結び1回を1組

平結び1回を1組

4段め以降は、写真のように左下がりになるように平結びを1回ずつする。

10

左端の1組は平結びを2回結ぶ。7段めを結んだところ。

▼

11

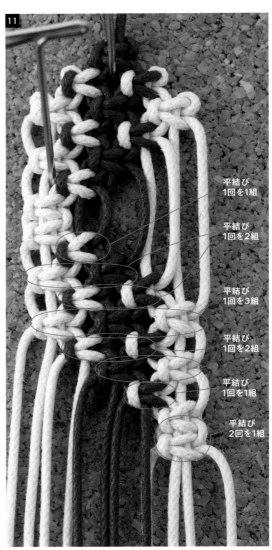

平結び
1回を1組

平結び
1回を2組

平結び
1回を3組

平結び
1回を2組

平結び
1回を1組

平結び
2回を1組

8段め以降は、右下がりになるように平結びをする。右端まできたら平結びを2回する。

12

13

留めパーツに中心のひも2本を1本ずつ通し、折り返す。

14

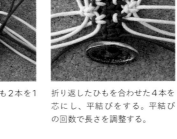

折り返したひもを合わせた4本を芯にし、平結びをする。平結びの回数で長さを調整する。

15 裏側

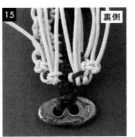

裏側で結びひもを本結び（p.62）し、接着剤をつけて固めてから余分を切る。芯も余分を切る。

16 裏側

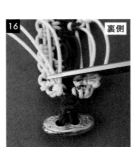

残りのひもは裏側で結び目（1本のみ）に通し、余分を切る。

11の要領で左下がり、右下がりと結び、さらに左下がりの平結びを5段め結んだら、中心で1回1組結ぶ。

⑫ ストラップつきのリード

Photo — 12ページ　　Size — 全長125cm（金具含まず）

【材料】
アウトドアコード … **サンドカモ**（1634）2巻、
　　　　　　　　　　グロウピンク（1663）2巻
ストロングパーツ・丸カン（15mm）… **シルバー**（S1804）1個
ストロングパーツ・鉄砲カン（9mm）… **シルバー**（S1807）2個

【ひもの用意】
リード用/サンドカモ … 500cm×1本
　　　　　グロウピンク … 500cm×1本
ストラップ用/サンドカモ … 270cm×1本
　　　　　　　グロウピンク … 270cm×1本

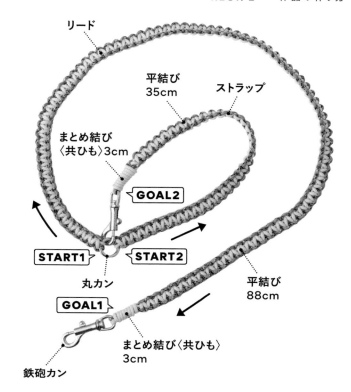

リード

平結び
35cm

ストラップ

まとめ結び
〈共ひも〉3cm

GOAL2

START1　START2

丸カン

GOAL1

平結び
88cm

鉄砲カン

まとめ結び〈共ひも〉
3cm

作り方

▶ START1

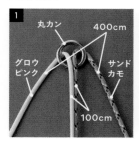

1　丸カン　400cm　グロウピンク　サンドカモ　100cm

リードを作る。丸カンにリード用のひも2本を外側が400cm、内側が100cmになるように通す。

2

100cmのひも2本を芯にして400cmのひもで平結び（p.28）を約88cm結ぶ。

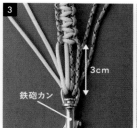

3　3cm　鉄砲カン　5cm

鉄砲カンにひも4本を通し、3cmあけて折り返す。さらに結びひものサンドカモを5cmで折り返し、結びひものピンクで巻く、まとめ結び〈共ひも〉（p.29）を3cm分する。

▶ START2

4

3cm分巻いたら、折り返したサンドカモの輪に通し、引き締める。

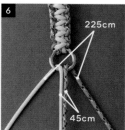

5

余分なひもを巻きのキワで切る。

6　225cm　45cm

1の丸カンの反対側にストラップ用のコード2本を外側が225cm、内側が45cmになるように通す。

7

45cmのひも2本を芯にして225cmのひもで平結びを約35cm結ぶ。

8

もう1個の鉄砲カンに4本を通して3cmで折り返し、**3**〜**5**と同様にまとめ結び〈共ひも〉をする。

⑬ ショルダーリード

Photo — 13ページ　　Size — 252cm（金具含まず）

【 材料 】
アウトドアコード … **ハニカムイエローグリーン（1653）2巻、**
　　　　　　　　　　グロウイエロー（1662）2巻
メタルリング（内径50mm）… **シルバー（MA2307）1個**
ストロングパーツ・鉄砲カン（9mm）… **シルバー（S1807）1個**
ストロングパーツ・回転カン（12mm）… **シルバー（S1812）1個**

【 ひもの用意 】
ハニカムイエローグリーン（YG）… **480cm×2本**
グロウイエロー（GY）… **400cm×2本**

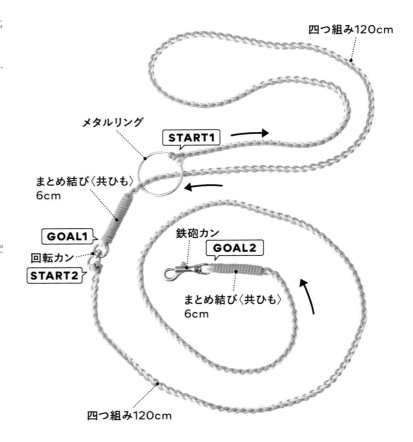

四つ組み120cm

メタルリング

START1

まとめ結び〈共ひも〉
6cm

GOAL1

回転カン

START2

鉄砲カン

GOAL2

まとめ結び〈共ひも〉
6cm

四つ組み120cm

作り方

▶ START1

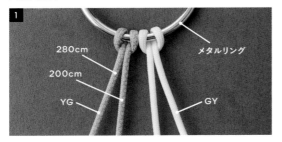

1 | 280cm / 200cm / YG / GY / メタルリング

メタルリングにYGとGY各1本を二つ折り〈コブ裏〉（p.25）で取りつける。YGは外側が280cmになるように二つ折りにし、GYは中心で二つ折りにする。

2

メタルリングをクリップボードに固定し、四つ組み〈縦ストライプ〉（p.27）を約120cm組む。

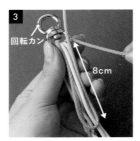

3 | 回転カン / 8cm

ひも4本を回転カンに通し、YGの短いほうを8cmで折り返す。

4

YGの長いほうで巻く、まとめ結び〈共ひも〉（p.29）を6cm分する。

▶ START2

5

回転カンのもう一方のカンに、残り2本を**1**と同様に取りつける。

6

四つ組み〈縦ストライプ〉を約120cm組む。

7 | 6cm

3と同様にひも4本を鉄砲カンに通し、YGの長いほうで巻く、まとめ結び〈共ひも〉を6cm分する。

オリジナルサイズの作り方

⑭ 平結びの首輪（p.47）をオリジナルサイズで作る場合、ひもの用尺は以下を目安に用意してください。

●首回り Xcmの場合

〈細いタイプ〉
Xcm×7＝Ycmを2本用意する。Yを二つ折りで取りつける際、Xcm＋7cm分（芯）が中心になるよう調整してセットする。

〈太いタイプ〉
Xcm×9＝Ycmを2本、Xcm×2＋14cm＝Zcmを1本用意する。Yを結びひも、Zは芯としてセットする。

※上記の計算式はアウトドアコードを使用する場合です。ひもの太さが変わると必要な長さは変わります。

◆ ⑭ 平結びの首輪

Photo — 12、13ページ　　Size — 33cm(金具含まず)

【材料】
〈細いタイプ〉
グリーン系/アウトドアコード … ハニカムイエローグリーン(1653)1巻、
グロウイエロー(1662)1巻
ピンク系/アウトドアコード … サンドカモ(1634)1巻、
グロウピンク(1663)1巻
共通/**ストロングパーツ・プラバックル(15mm) … 黒(P1815)**1個
ストロングパーツ・Dカン(12mm) … シルバー(S1801)1個
〈太いタイプ〉
アウトドアコード … ハニカムイエローグリーン(1653)1巻、
グロウイエロー(1662)1巻
ストロングパーツ・プラバックル(20mm) … 黒(P1816)1個
ストロングパーツ・Dカン(18mm) … シルバー(S1803)1個

【ひもの用意】
〈細いタイプ〉
ハニカムイエローグリーン(YG)/サンドカモ … **230cm×1本**
グロウイエロー(GY)/グロウピンク … **230cm×1本**
〈太いタイプ〉
ハニカムイエローグリーン(YG) … **300cm×1本**
グロウイエロー(GY) … **300cm×1本、80cm×1本**

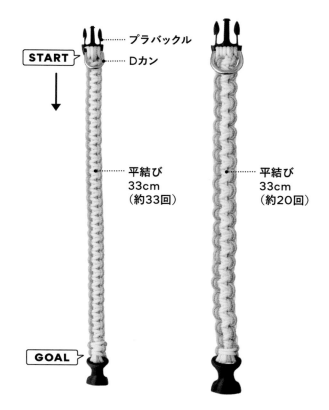

START
→
プラバックル
Dカン

平結び
33cm
(約33回)

平結び
33cm
(約20回)

GOAL

作り方

▶ 細いタイプ

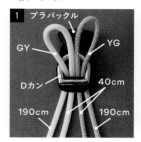

1　プラバックル
GY　　YG
Dカン　　40cm
190cm　　190cm

YGとGY各1本を内側が40cmになるようにして二つ折りにし、バックル(凸側)とDカンに通す。

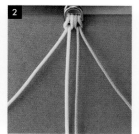

2　二つ折り・コブ裏(p.25)で取りつけ、クリップボードに固定する。40cmのひもを芯として、平結び(p.28)をする。

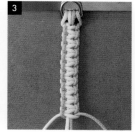

3　33cm分結ぶが、平結び1〜2回分(約2cm手前まで)を結び残して休める。

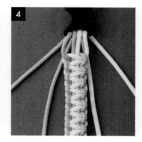

4　バックルのもう一方(凹側)のカンに4本のひもを通す。

5　表側で平結びを1〜2回結ぶ。このとき、結び目の色がそろうように、GYを4の字の形にする。

6　平結びを2回したところ。

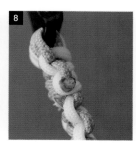

7　ひもの余分を切る。

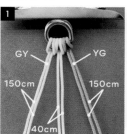

8　結びひもの切り口はライターで焼きどめ(p.24)をする。

▶ 太いタイプ

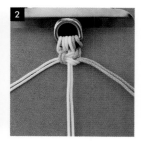

1　GY　　YG
150cm　　150cm
40cm

左からGY300cm、80cm、YGの順にバックルとDカンに二つ折り〈コブ裏〉(p.25)で取りつける。

2　40cmのひも2本を芯として、2本どりで平結び(p.28)を33cm分し、細いタイプ**3**〜**8**と同様に作る。

⑰ タペストリー

Photo — 15ページ　　Size — W25cm×H34cm

【材料】
ビッグ未ザラシ … 生成(#40)1かせ
白木バー … 25cm(MA2281)1本

【ひもの用意】
A180cm×16本、B40cm×7本、C70cm×1本、D80cm1本

GOAL
白木バー
七宝結び
斜め巻結び
START
まとめ結び〈別ひも
1cm

作り方

▶ ひもをセットする

Aのひも16本をバーに二つ折り〈コブ表〉(p.25)で取りつける。

▶ 七宝結びをする

七宝結び(p.33)で3段結ぶ。

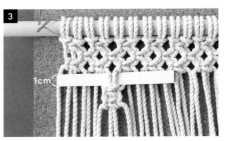

1cmほどあけて(1cm幅の厚紙を挟むとよい)、それぞれ端から7～10本め(2個めと3個めの平結び)をとり、内側2本を芯にし、平結びを2回する。

3の結び目から七宝結びをする(左右に平結びを1個結ぶ)。

3と同様に平結びを2回する。

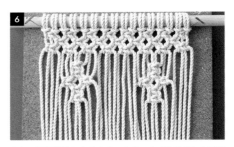

左右で同じ模様になるよう、もう一方(右半分)も同様に3～5を繰り返す。

5の平結び2回にピンをとめ、左端の同じ高さに目印のピンをとめ、端から平結びを1回する。右下がりに3組結ぶ。

5の模様を挟んで7と対称に左下がりに平結びを3組結ぶ。

▶ 斜め巻結びをする

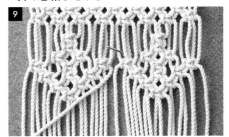

7、8を繰り返し、右半分にも同じ模様を作る。次に中心のひもを芯にして、斜め巻結び(p.35)を7目結ぶ。

7目結んだところ。次に左端のひもを芯にして、斜め巻結びを8目結ぶ。

左端7目結んだところ。次に中心のひも1本をよけ、2本めのひもを芯にして、斜め巻結びを6目結ぶ。

6目結んだところ。上の斜め巻結びと隙間があかないようにする。

右側も**9**〜**12**を左右対称に繰り返し、斜め巻結びをする。

外側のひも1本ずつをよけ、斜め巻結びを端から中心に向かって左下、右下に1段結ぶ。さらにもう1段、左下、右下に同様に結ぶ。

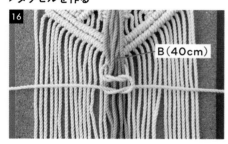

中心に**3**〜**6**と同様にして模様を作る。

▶ タッセルを作る

Bのひも7本の中心をV柄の先端に合わせ、中心のひも2本で本結び（p.62）をする。
※わかりやすいよう違う色で解説しています。

Bを折り返し、Cのひもでまとめ結び（p.26）を1cm分する。ひも端が裏になるよう、裏側で作業すること。

▶ かけひもをつける

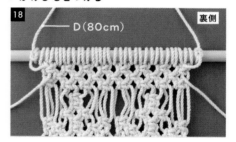

Dのひもの両端をバーに結びつけ、ひも端は裏側の結び目に通して余分を切る。

⑱ ボトルホルダー

Photo — 16ページ　　Size — 全長80〜85cm

【材料】
茶ベース/コットンコード・ソフト3 … A・ブラウン(277)1かせ、
　　　　　　　　　　　　　　　　　B・生成(271)1かせ
ウッドビーズ(20mm) … 生成(MA2211)6個
生成ベース/コットンコード・ソフト3 … A・生成(271)1かせ、
　　　　　　　　　　　　　　　　　　B・ブラウン(277)1かせ
ウッドビーズ(20mm) … 茶(MA2211)6個

【ひもの用意】　A320cm×8本、B190cm×1本

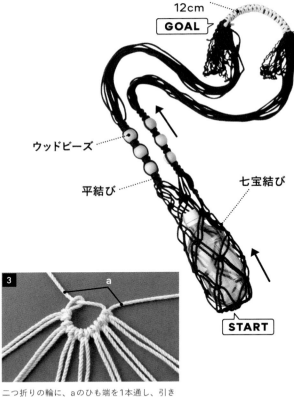

平結び
12cm
GOAL

ウッドビーズ

平結び

七宝結び

START

作り方

▶ひもをセットする

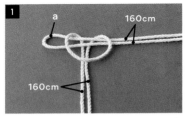

Aのひも1本(a)を二つ折りにし、そこに残りの7本を二つ折り〈コブ裏〉(p.25)で取りつける。

7本を取りつけたところ。

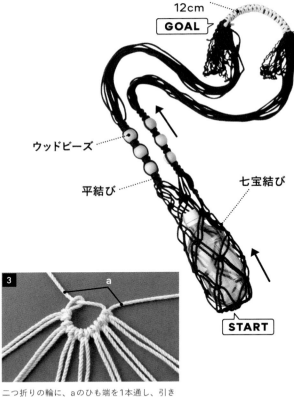

二つ折りの輪に、aのひも端を1本通し、引き締める。

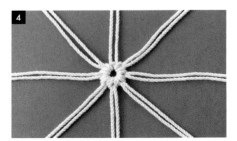

引き締めたところ。輪が底の中心となる。

▶平結びをする

4本1組の十字に分ける。次に平結び(p.28)を2回ずつ4組する。

▶七宝結びをする

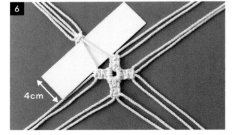

4cmあけて(4cm幅の厚紙を挟むとよい)七宝結び(p.33)をしていく。まず平結びの4本のひものうち、隣り合うひもを2本ずつ取り分けて4本1組にし、平結び1回を1組する。

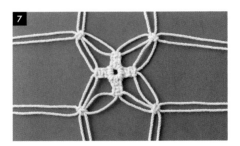

⑥と同様に平結びを4組する。4cm間隔の七宝結び1段めができたところ。

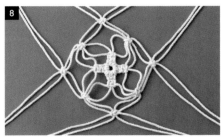

⑥、⑦の要領で、4cm間隔の七宝結びを計5段する。2段めができたところ。

3段め以降は、ボトルなどを利用すると結びやすい。3段めができたところ。

▶ **平結びをする**

5段めの隣り合う平結び2つを合わせ、ひもを8本ずつ2組に分ける。両外側2本を結びひもにし、他の6本を芯に5段めから4cmあけて平結びを3回する。

芯6本にウッドビーズを1個通す。次に平結びを2回する。

ウッドビーズ

平結びを2回したところ。

12、**13** を繰り返し、ウッドビーズ3個めを通したら、平結びを3回結ぶ。もう1組の8本も **11**〜**14** と同様に繰り返し、ウッドビーズを3個通す。

4cm間隔の七宝結びが5段できたところ。

▶ **ショルダーひもを作る**

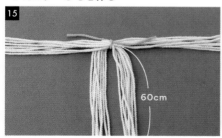

8本ずつのひも2組それぞれの **11** の結び目から60cmのところで交差させて重ね、中心をひも（材料外）で結び、仮どめする。

15 で結んだひもの6cm上で、16本のひもを芯にしてBのひもを二つ折りにして平結びをする。

途中で仮どめのひもを外し、平結びで12cm分結ぶ。

60cm

6cm

12cm

裏側

結び終わりのひもは裏側で結び目に通し、余分を切る（p.31）。

ひも端は好みの長さに切る。よりをほどくのもおすすめ。

19 フードストッカー

Photo — 17ページ　　Size — バスケット直径25×H20cm、全長約100cm

【材料】
コットンコード・ソフト3 … うすみどり(274)1かせ
メタルリング(内径3cm) … (MA2302)1個
メタルリング(内径23cm) … (MA2305)1個
カラフルウッドビーズ(丸玉8mm) … ナチュラル系(CW594)12個

【ひもの用意】　A170cm×6本、B170cm×18本、C70cm×2本

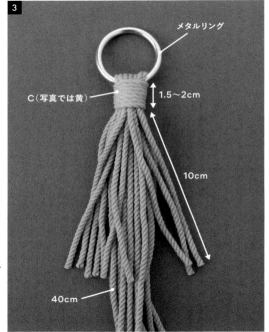

右上の図の注記:
- メタルリング(3cm)
- GOAL1
- まとめ結び〈別ひも〉1.5〜2cm
- 平結び5回
- START1
- START2
- メタルリング(23cm)
- 芯交換した七宝結び4段
- まとめ結び〈別ひも〉1.5〜2cm
- GOAL2
- ウッドビーズ

作り方

▶ START1 吊るし部分を作る

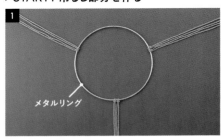

1

メタルリング

Aのひも2本ずつをメタルリング(23cm)の3カ所に等間隔に、二つ折り〈コブ表〉(p.25)で取りつける。

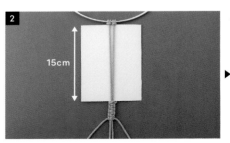

2

15cm

取りつけ位置から15cmあけ(15cm幅の厚紙を挟むとよい)、4本1組で平結び(p.28)を5回、3組結ぶ。

3

メタルリング
C(写真では黄)
1.5〜2cm
10cm
40cm

メタルリング(3cm)にAのひも12本を通し、**1**のリングから40cmで折り返し、Cのひも1本でまとめ結び(p.26)を1.5〜2cm分する。折り返したひもを10cm残して切る。

▶ START2 バスケット部分を作る

4

Bのひも2本ずつをメタルリング(23cm)の9カ所に等間隔に、二つ折り〈コブ表〉で取りつける。

▶ 平結びをする

5

3のリングで吊るしながら作業する。9カ所につけたBのひも4本1組で平結びをそれぞれ1回ずつ9組する。

▶ 七宝結びをする

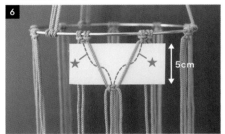

6

5cm

次に5cmあけて芯交換した(p.32)七宝結び(p.33)を4段する。まず平結びの4本のひものうち、隣り合うひもを2本ずつ取り分けて4本1組にし、芯交換した平結び(★のひもが芯になる)を1回する。

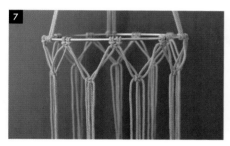

同様に1周9組する。芯交換した七宝結び1段めができたところ。

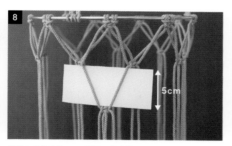

同様に2段めも5cm間隔で芯交換した平結びを1回結ぶ。

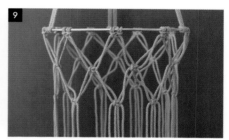

同様に1周9組する。芯交換した七宝結び2段めができたところ。

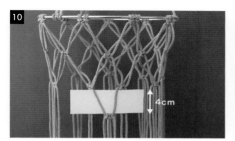

3段めは4cmあけて芯交換した七宝結びをする。

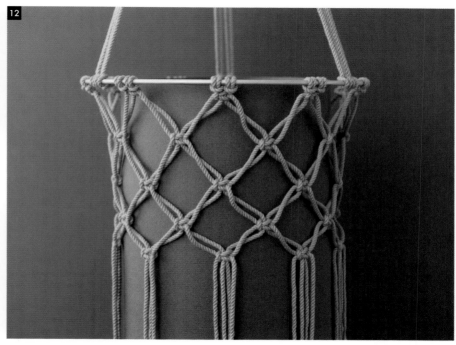

4段めができたところ。底に向かって菱形（網目）が小さくなっている。

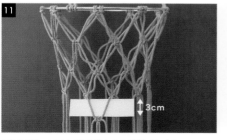

4段めは3cmあけて芯交換した七宝結びをする。

▶まとめ結び〈別ひも〉をする

4段めから5cmあけてCのひもでまとめ結びを1.5〜2cm分する。

▶ビーズを取りつける

残りのひもは好みの長さで切り、ウッドビーズ12個を外側のひもを中心にバランスよく通し、ひと結びする。

12個取りつけたところ。

◆20 ツートーンのプラントハンガー

Photo — 18ページ　　Size — 全長約75cm

【 材料 】
コットンスペシャル3mm … 生成（1021）1かせ、ブラック（1028）1かせ
メタルリング（内径3cm）…（MA2302）1個
ナチュラルウッドビーズ（丸玉12mm）… レッドウッド（W602）3個

【 ひもの用意 】
生成 … 260cm×4本　　ブラック … 260cm×4本、80cm×1本

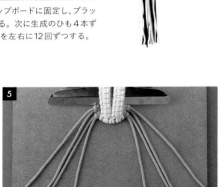

作り方

▶ 吊るしの飾り部分を結ぶ

生成4本を内側に、ブラック2本ずつをその両側にメタルリングに二つ折り〈コブ表〉（p.25）で取りつける。POINT（右）参照。

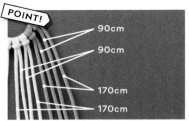

4本1組の平結びをするが、内側の芯になるひも2本は90cmになるように調整して取りつける。

メタルリングをクリップボードに固定し、ブラックのひもを折り上げる。次に生成のひも4本ずつで平結び（p.28）を左右に12回ずつする。

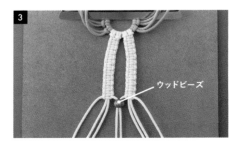

平結び12回を2本結んだら、内側の2本のひもにウッドビーズを1個通す。

さらに生成のひもで平結びを左右に10回ずつする。

生成のひもを折り上げる。次にブラックのひもで平結びを左右に8回ずつする。

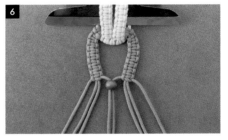

平結びを左右に8回ずつしたら、内側の2本のひもにウッドビーズを1個通す。

さらにブラックのひもで平結びを左右に12回ずつし、中心の2本のひもにウッドビーズを1個通す。

さらにブラックのひもで平結びを左右に3回ずつする。

生成のパーツを下げ、ブラックのパーツの1つめの輪に通す。

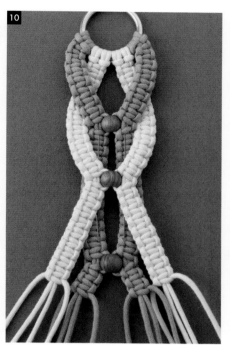

ブラックのパーツを生成のパーツの輪に通す。

生成のパーツをブラックのパーツの2つめの輪に通す。

▶ バスケット部分を結ぶ

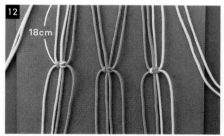

11 の下部をクリップボードに固定し、パーツの結び目から18cmの位置で、中心のひも4本1組で平結びを1回ずつ3組する。

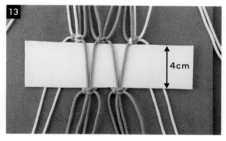

4cmあけて（4cm幅の厚紙を挟むとよい）七宝結び（p.33）をする。

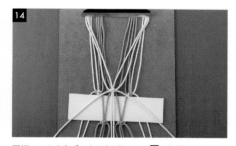

両端のひも2本ずつを4本1組にし、**12** の位置で平結びを1回する。

13 の結び目と高さをそろえて七宝結びをする。

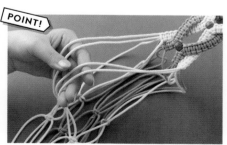

POINT!

生成のコード両側2本ずつ4本のひもがネットの手前にくることを確認。

▶ まとめ結び〈別ひも〉をする

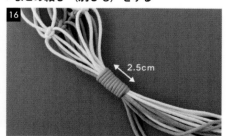

15 から6cmあけた位置で16本のひもをまとめ、80cmのひもでまとめ結び〈別ひも〉（p.26）を2.5cm分する。
※わかりやすいよう違う色で解説しています。

㉑ ダイヤ柄のプラントハンガー

Photo — 19ページ　　Size — 全長約100cm

【 材料 】
コットンコード・ソフト5 … 生成(251)1かせ
ウッドリング(外径60mm) … 白木(MA2261)1個
ウッドビーズ(丸玉20mm) … 生成(MA2211)2個

【 ひもの用意 】
310cm×6本、110cm×1本

右上図ラベル:
- ウッドリング
- 飾り部分（七宝結び）
- ウッドビーズ
- バスケット部分（七宝結び）
- まとめ結び〈別ひも〉3.5cm
- フリンジ

START
GOAL

作り方

作業の方法

クリップボードでは挟みづらく固定できないので、ここではコルクボードとピンで固定して結んでいます。フックなどにウッドリングをかけ、吊り下げた状態で作業するのもよいでしょう。

▶ 吊るしの飾り部分を結ぶ

1　310cmのひも6本を二つ折りにし、ウッドリングに二つ折り〈コブ表〉(p.25)で取りつける。

2　内側のひも4本で平結び(p.28)を2回する。

3　内側のひもを2本ずつに分け、隣り合う外側のひも2本とでそれぞれ4本1組にし、平結びを2回する。

4　さらに、それぞれ外側のひも2本と隣り合う2本とで4本1組にし、平結びを2回する。

ウッドビーズ

5　内側のひも2本にウッドビーズを1個通す。

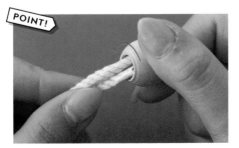

POINT!
ひものより方向に合わせてビーズを回しながら移動させると通しやすく、よりもほどけづらい。

6　両端2本ずつをよけた4本1組で平結びを2回する。

7　内側のひも4本1組で平結びを2回する。

▶ バスケット部分を結ぶ

8

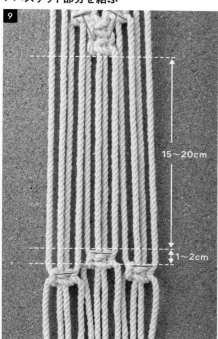

9

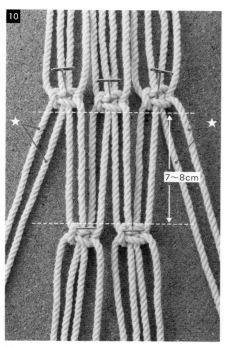

3 〜 **7** を繰り返す。

内側のひも4本で、結び目から15〜20cmの位置で平結びを1回する。両脇に1〜2cm下げて平結びを1回2組する。

10

9 の結び目の下をそろえ、ピンでとめる。7〜8cmあけて、七宝結び（p.33）をする。次に★のひもを結ぶ。

11

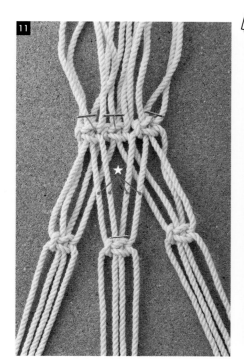

POINT!

両側のひも2本ずつ（★）を手前に返すように中央に移動させて4本1組にし、**10** の位置で平結びを1回する。

両側2本ずつ4本のひもがネットの手前にくることを確認。

▶ まとめ結び〈別ひも〉をする

12

11 から7〜8cmあけて110cmのひもで まとめ結び〈別ひも〉（p.26）を3.5cm分する。上側のひもは切り、下に出たひもはフリンジに混ぜる。

▼

13

フリンジを好みの長さに切り、ひものよりをほどく。

◆22 七宝結びの巾着バッグ

Photo — **20ページ**　　Size — **W15cm × H16cm**

【 材料 】 **バッグ/エココットン8×8 … 生成1かせ**
Dカン（21mm） … ゴールド2個
ストラップA/ ⑤ （p.32）参照
ストラップB/アウトドアロープ（6mm） … 好みの色240cm
　　　　　カラビナ（三角） … ゴールド（G1171）2個
　　　　　コードキャップ（6mm） … ゴールド（G1175）2個

【 ひもの用意 】 **バッグ用 … 135cm×24本、60cm×2本**

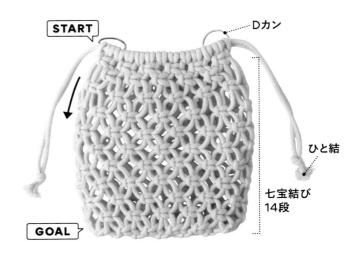

START

Dカン

ひと結び

七宝結び 14段

GOAL

作り方

▶ ひもをセットする ※わかりやすいよう3色で解説しています。

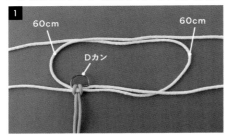

60cm2本をそれぞれ端をひと結びして、結び目を外側にして重ねる。135cmを二つ折り〈コブ裏〉（p.25）でDカンも通して輪の左端に取りつける。

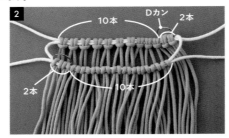

135cmをもう1本Dカンに通し、計12本輪の手前に取りつける。奥側も同様にDカンに2本通しながら12本取りつける。

▶ 七宝結びをする

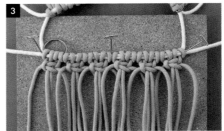

1段めは、4本1組で平結びを1回6組結ぶ。

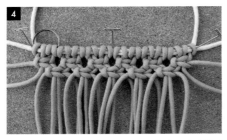

2段めは、両端の2本ずつをよけた4本1組で七宝結び（p.33）をする。

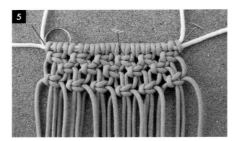

3段めは、1cmあけて（1cm幅の厚紙を挟むとよい）七宝結びをする。

もう片面も同様に3〜5を繰り返す。

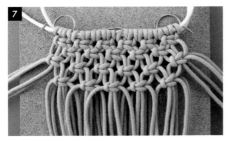

4段めは、1cmあけて七宝結びをする。もう片面も同様に結ぶ。

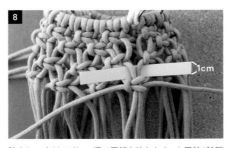

脇を1cmあけて（1cm幅の厚紙を挟むとよい）平結び1回でつなげる。

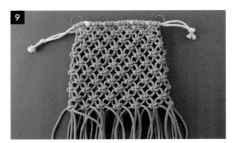

反対側の脇も同様につなぎ、7、8を繰り返し、七宝結びを計11段する。

10

さらに間隔をあけない七宝結びを両脇をつなげながら3段する。

▶ 底を始末する

裏側

11

裏に返す。脇の結び目の芯（●）2本を上によけ、両側の4本1組で平結びをする。

12

平結びを1回したところ。

13

続けて**11**、**12**と同様に前の結び目の芯を上によけ、左右2本ずつの4本1組で平結びをする。

14

繰り返して、底をとじ合わせていく。

15

結んだひもと上によけた芯は結び目に接着剤をつけ、硬化したら余分を切る。もう一方の脇まで同様に始末する。

【ストラップB】

コードキャップ

ART

GOAL

カラビナ

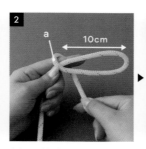

65cm（a）

1

240cmのひもを端から65cm（a）で折り返す。

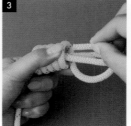

a　10cm

2

巻きとめ結びをする。折り山から10cmの位置でひも端を交差させ、人差し指と一緒に6回巻く。

3

指を抜き、aのひも端を巻きの中に入れる。

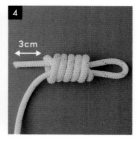

3cm

4

ひも端は3cmほど出す。ひも端の長さはこのままキープしながら、巻きを引き締める。

▶ 次ページに続く

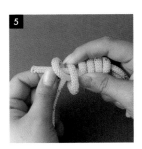

5 右から左へ巻きを送るようにして縮め、ゆるみを引き締める。

6 ひも端と輪になったひもを引っぱり、最後の巻きを引き締める。

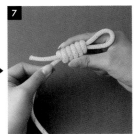

7 長いほうのひもを引っぱって輪を縮め、長さの調整をする。

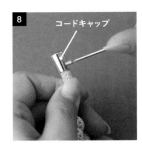

コードキャップ

8 ひも端にコードキャップをはめ、ドライバーで取りつける。

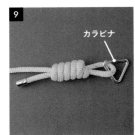

カラビナ

9 輪にカラビナをつける。反対側のひも端も同様に作る。
※カラビナを開き、バッグのDカンに取りつける。

㉓ マクラメバッグ

Photo — 21ページ　　Size — W19cm×H12cm

【材料】 ビッグ未ザラシ#40 … 生成1かせ

【ひもの用意】 A150cm×1本、B280cm×20本、C60cm×1本、D160cm×3本、E70cm×2本

三つ編み 110cm

まとめ結び〈別ひも〉3cm

七宝結び

START バッグ口部分

斜め巻結び

まとめ結び〈別ひも〉3cm

七宝結び

横巻結び

GOAL

作り方

▶ **ひもをセットする**

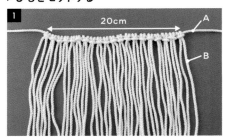

20cm

1 Aのひもの中心20cmにBのひも20本を二つ折り〈コブ表〉(p.25)で取りつける。

▶ **七宝結びをする**

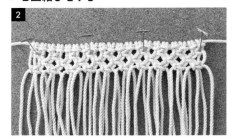

2 七宝結び(p.33)で29段結ぶ。写真は3段結んだところ。

▶ **斜め巻結びをする**

3 29段結んだら、左端から斜め巻結び(p.35)をする。

4 斜め巻結びを左下、右下とハの字に5回繰り返す。写真はハの字に2回結んだところ。

5 ハの字の内側4本を1組にし、平結びを1回ずつ5組結ぶ。

6 左端から斜め巻結びを右下、左下とVの字に5回繰り返す。

▶ 七宝結びをする

C

4cm

七宝結びで2段結ぶ。Cのひもを芯にし、横巻結び（p.37）をする。BとCのひも端は4cmにそろえて切る。

▶ 脇をとじる

表
裏
A

七宝結び12段めの位置で中表に折る。次にAのひもで脇をとじていく。

▼

A

両脇のひもが渡っている箇所をジグザグと1目ずつAのひもを通していく。

▼

底側まで通したら、Aのひもをひと結びし、余分を切る。

▶ ショルダーひもを作る　※わかりやすいよう違う色のひもを使っています。

D
6cm

バッグを表に返す。Dのひも3本を口側・脇の隙間に通し、6cmほど折り返す。

E

Eのひも1本でまとめ結び〈別ひも〉（p.26）を3cm分する。

Dのひも3本で三つ編みを110cm分編む。編み終わりのひも端をバッグの反対側の脇に通し、11、12と同様にEのひも1本でまとめ結びをする。

マクラメ基礎テクニック

◆ ひと結び

1

2
端を引っぱる

3 1本　2本以上
2本以上の場合は
指定の本数を束ねて
ひと結びする

◆ 本結び

  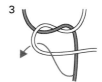

1
図のようにひもを
のせて、矢印のよう
にかけて結ぶ

2
引き締める

3
図のようにひもを
のせて、もう1回結ぶ

4
できあがり

◆ 四つ組み

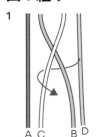 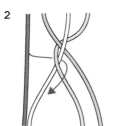 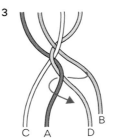 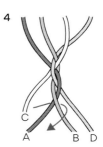

1
A C B D
BにCを重ねて交差。
DをB、Cの下を通して、
上からCとBの間に入れる

2
A C D B
AをC、Dの下を通して、
上からDとCの間に入れる

3
C A D
BをD、Aの下を通して、上から
AとDの間に入れる

4
C A B D
同様に端のひもを
左右交互にからめて
組んでいく

◆ 平結び（左上平結び）

※芯の本数は作品によって異なる。
「○本どり」の○は結びひもの本数

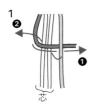 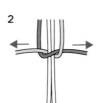 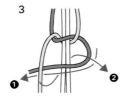 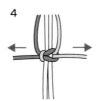 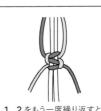

1
❷ ❶
芯
左側のひもから❶、❷
の順で交差させる

2
ひもを左右に引く

3
❶ ❷
右側のひもから❶、❷
の順で交差させる

4
ひもを左右に引く。
1回結んだところ

1、2をもう一度繰り返すと
平結びが1.5回結べた
ことになる

1〜4を繰り返した
ところ

◆ 七宝結び

   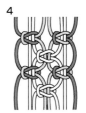

1
芯　芯
芯を2本にして
平結びを左右に
1回ずつする

2
芯
結びひもにしていた
隣り合うひもを芯にして
中央の4本1組で平結び
をする

3
同様に芯を
換えながら結んでいく

4
七宝模様ができる。
作品によって
段数、結びの回数は異なる

62

◆ スイッチング平結び（芯交換）

1

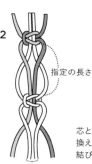

2

結びひもにしていたひもを図のように交差して内側におき、芯にしていたひもを交差して外側におく。
内側2本を芯にして指定の長さをあけて平結びを1回する

指定の長さ

芯と結びひもの位置を換えながら同様に結んでいく。
結びの回数は作品によって異なる

◆ ねじり結び（左上ねじり結び）

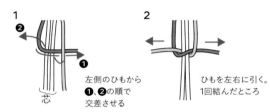

1
2

左側のひもから❶、❷の順で交差させる

ひもを左右に引く。
1回結んだところ

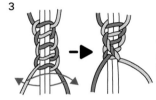

3

1、2を繰り返す。
約5回結ぶと結び目がねじれてくるので左右のひもを入れ替える

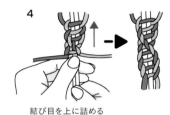

4

結び目を上に詰める

◆ 横巻結び

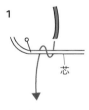

1

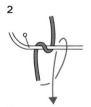

2

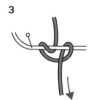

3

4

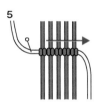

5

芯をピンと横に張り、結びひもを縦において芯に下、上、下と巻き、引き締める

続けて矢印のように芯の上、下と巻いたら下の輪に通す

下側の結びひもを引き締める

1目結んだところ

結び目を増やす場合は結びひもを右側に足していく

◆ 斜め巻結び

右下に向かう場合

1

芯をピンと斜めに張り、結びひもをおいて芯に下、上、下と巻き、引き締める

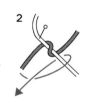

2

続けて矢印のように芯の上、下と巻いたら下の輪に通す

3

下側の結びひもを引き締める

4

1目結んだところ

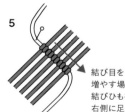

5

結び目を増やす場合は結びひもを右側に足していく

左下に向かう場合

1

芯をピンと斜めに張り、結びひもをおいて芯に下、上、下と巻き、引き締める

2

続けて矢印のように芯の上、下と巻いたら下の輪に通す

3

下側の結びひもを引き締める

4

1目結んだところ

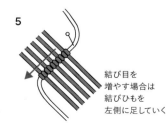

5

結び目を増やす場合は結びひもを左側に足していく

STAFF

アートディレクション	松浦 周作 [mashroom design]
ブックデザイン	石澤 縁 [mashroom design]
撮影	佐山裕子 [主婦の友社]
スタイリング	仲田千咲
モデル	明星あゆみ [Space Craft]
	TORCH [トイプードル]
基礎図版協力	メルヘンアート
DTP	秋本さやか [アーティザンカンパニー株式会社]
校正	西進社
企画・編集	村松千絵 [クリーシー]
編集担当	森信千夏 [主婦の友社]

3つの結び方で写真を見ながら作る
½DAY簡単マクラメ

2023年7月31日　第1刷発行
2024年11月30日　第2刷発行

編 者	主婦の友社
発行者	大宮敏靖
発行所	株式会社主婦の友社
	〒141-0021
	東京都品川区上大崎3-1-1　目黒セントラルスクエア
	電話 03-5280-7537 (内容・不良品等のお問い合わせ)
	049-259-1236 (販売)
印刷所	大日本印刷株式会社

©Shufunotomo Co., Ltd. 2023　Printed in Japan
ISBN 978-4-07-454712-8

作品デザイン・制作

aya kurata (マクラメのアヤ)
ファイバーアーティスト。プラントハンガーをきっかけにマクラメに出合う。出版、デザイン提供、アート作品制作、ワークショップなどを中心に活動するSNS総フォロワー40万人超のクリエイター。
ⓘ @macramewithaya

ayumin / FiberArt
ファイバーアーティスト。愛称は"カラフル師匠"。マクラメやウィービング、パンチニードルも取り入れ、独特の色遣いで自分の世界を表現する。アート作品は世界から支持され、SNSを中心に活躍中。
ⓘ @ayumin.fiberart

Kazumin Fiber Art
ファイバーアーティスト。マクラメ、パンチニードル、ウィービングなどで多種多様な作品を制作。イベント出店や店舗装飾、講師としても活動中。
ⓘ @kazumin_fiberart

Macrame Ciconia
マクラメ作家。何かを作り出すことや表現することが好き。DIYからマクラメに出合い、主にSNSで活躍中。YouTubeではマクラメ作品の作り方を紹介し、キット販売もしている。
ⓘ @macrame_ciconia

maikel
立体マクラメクリエイター。主に鳥や動物を制作し、ストップモーション動画を作成。ハンドメイド販売サイトでの活動からスタートし、現在はフルオーダーメイド作品の制作、販売をしている。
ⓘ @maikel_macrameart

Uri
Fiber Artist Uri（ユーリ）。マクラメ作家。マクラメが大好きで、出版やワークショップへの作品提供で活躍するほか、オンラインストアで作品を販売中。
ⓘ @macrameeverywhere

メルヘンアートスタジオ
マクラメの企画・提案をするクリエイター集団。出版物やワークショップへの作品提供など、結びの文化を伝えるためグローバルに活躍。著書は多くの国で翻訳出版されている。
ⓘ @marchen_art

材料、用具提供

メルヘンアート株式会社
〒130-0015 東京都墨田区横網2-10-9　TEL.03-3623-3760

✉ mail ▶ mail@marchen-art.co.jp
🖥 公式ウェブサイト ▶ https://www.marchen-art.co.jp

本書で紹介した材料と用具は店舗のほか下記オンラインストアでも購入可能。
🛒 オンラインストア ▶ https://marchen-art-store.jp/